小池大鱼

アイデアを
ヒットさせる経営

絶えざる創造と
革新の追求

在 小 市 场 里 做 出 大 生 意

[日]——小林一雅——著

黄萍————译

中信出版集团｜北京

图书在版编目（CIP）数据

小池大鱼 /（日）小林一雅著；黄萍译 . -- 北京：
中信出版社，2023.3（2024.7 重印）
ISBN 978-7-5217-5202-1

Ⅰ.①小… Ⅱ.①小…②黄… Ⅲ.①企业管理—研究—日本 Ⅳ.①F279.313.3

中国国家版本馆 CIP 数据核字（2023）第 023095 号

Kobayashi Pharmaceutical Idea Wo Hit Saseru Keiei
Copyright © 2022 by Kazumasa KOBAYASHI
First original Japanese edition published by PHP Institute, Inc., Japan.
Simplified Chinese translation rights arranged with PHP Institute, Inc.
through Bardon Chinese Creative Agency Limited
ALL RIGHTS RESERVED
本书仅限中国大陆地区发行销售

小池大鱼
著者：　［日］小林一雅
译者：　黄萍
出版发行：中信出版集团股份有限公司
（北京市朝阳区东三环北路 27 号嘉铭中心　邮编 100020）
承印者：　三河市中晟雅豪印务有限公司

开本：880mm×1230mm 1/32　　印张：7.25　　字数：110 千字
版次：2023 年 3 月第 1 版　　　　印次：2024 年 7 月第 12 次印刷
京权图字：01-2023-0639　　　　　书号：ISBN 978-7-5217-5202-1
定价：69.00 元

版权所有·侵权必究
如有印刷、装订问题，本公司负责调换。
服务热线：400-600-8099
投稿邮箱：author@citicpub.com

目 录

推荐序　苟日新，日日新 / 韦青 VII
前　言 XIII

序　章　小池塘里的大鱼 001

第一部分
制定正确的市场战略

第1章
追求"简单易懂"

1. 市场营销的关键在"这里" 018
   每个企业都在追求简单易懂 018
   简单易懂的安美露 020
   将"简单易懂"放在第一位 022
   员工反对也信念不改 024
   概念和命名的智慧 026
   "凡人"管理者如何创造热销产品 031

2. 以时代为镜，倾听顾客之声 034
   吸收顾客之声 034
   广告应优先考虑简单易懂 036
   概念也要追求简单易懂 037
   日常工作也要追求简单易懂 038

第 2 章
创新·求异

1. **新品开发的灵感从哪来** 042
   - 创造始于模仿好东西 042
   - "先试试看"的重要性 045
   - 灵感其实无处不在——日常生活中也有学问 049

2. **持续提升自身和公司水平** 051
   - 创造能够时常思考的环境 051
   - 不要忘记享受工作 055
   - 对命名的讲究和执念 058
   - 培育品牌的同时追求风格 059
   - 即使费尽心血,也要有断然舍弃的决心 061
   - 向合作公司寻求创意 063

3. **"这样就够了"是衰退的开始** 065
   - 努力打磨创意,潜心追求极致 065
   - 齐心协力!集思广益! 068

第 3 章
新品开发是重中之重

1. **新品开发就是生命** 072
   - 瞄准利基市场 072
   - "并行开发"机制 076
   - "做一点,卖一点,再多做一点"的思考方式 079

2. **锚定小池塘不放松** 083
   - 在大池塘中用栅栏围出小池塘 083
   - 并购和业务撤退中的要点 086

第二部分
组织·人才管理

第 4 章 建立创意机制

1. 从创业期吸取的教训 —— 094
   草创期产品的增长困境 —— 094
   了解历史，从过往中学习 —— 095
   公司与人都有成长过程 —— 098
   满足用户期待，顺应时代潮流 —— 100

2. 成长期实现业务转型 —— 103
   选择并专注于制造业 —— 105

3. 进入再成长期后的新挑战 —— 108
   放眼国际市场 —— 108
   认清时代大势，做时代的盟友 —— 110
   "100-1=0" 的智慧 —— 112
   数字化转型 —— 113

第 5 章 营造良好的公司风气

1. 工作面前人人平等 —— 118
   追求真正的平等关系 —— 118
   重视公开谈论失败的文化 —— 121
   持续投出强力球 —— 123
   选择全局最优而非局部最优 —— 125

2. 培育员工，发展企业，回馈社会 —— 128
   社长直接表扬员工的"赞赞邮件" —— 128
   每年收集大约 6 万个创意的提案制度 —— 129
   擦亮创意的"开发参与委员会" —— 131

3. 现场，现场，现场！……134
   即使交由他人负责，也要先去现场考察！……134
   只有了解现场，才能预测最坏情况……135
   努力让现场始终"可视化"……137
   打造以顾客为中心的公司……139
   开发的视角也要以顾客为中心……141

第 6 章
坚持全员经营

1. 企业最重要的是员工……144
   以健康经营守护员工……144
   与员工现场对话的"LA & LA"……146
   要授予员工股票期权……148

2. 重视过去和未来……151
   与老员工保持交流……151
   干部候选人培养制度"K 营学院"……152
   亦慈亦严——慰劳努力工作的员工……155

第三部分
经营哲学

第 7 章
"事在人为"
的执念

1. 何为经营？……162
   最大限度地发挥每个人的创造力……162
   在困境中积极谋求变化……166
   从家族企业到为员工着想的企业……168

目录

2. 管理和创意都是"为则成,不为则不成"....172
   要认为自己能做到并为之努力....172
   提高实际业绩是先决条件....176
   "再思考一天"的重要性....183
   "去坐难坐的椅子"——永远主动置身逆境....183
   与员工认真较量,在最后报以微笑....186

第8章 从失败中领悟到的经营心得

1. 小林制药史上的重大教训....190
   合营公司的隐患....190
   警惕畅销带来的骄傲....193
   不了解一线情况容易做出错误的判断....196
   不要轻易涉足自己不懂行的生意....198

2. "人"才是支撑经营的主体....201
   首先考虑想让谁来领导这个组织....201
   不要盲目追求多元化经营....202
   没有什么比公司和员工的松懈更可怕....204
   隐藏在"气派的总部大楼"里的陷阱....208
   不要大意,不要骄傲,保持谦逊....211
   反复传达,避免反复失败....214

推荐序

苟日新，日日新

微软（中国）CTO 韦青

小林制药，可能不是每个人都很熟悉的企业，但是描述它的几个特征，或许能够让我们更深刻地理解这本书能够给予我们何种借鉴，帮助我们获得哪些启发。本书作者小林一雅先生，现任小林制药株式会社会长，是公司创始人小林忠兵卫的曾孙。父亲早逝，母亲勉力接过家族发展的重担，从1976年起，小林一雅从母亲手中接过接力棒，成为公司第四代社长，在这个职位上任职近30年。小林先生在其社长任内经历了日本经济的飞速发展和泡沫破裂，历尽艰难险阻，将公司从一个家族型的渠道批发商转型为集研发、生产、销售于一体的现代化上市企业。之后他担任公司会长，由弟弟小林丰接任社长职位，近十年后由其长子小林章浩担任社长至今。这是一家伴随着社会大环境的剧烈变化而一步一步成长起来的企业,其自身变革的经验与教训,经由变革推动者和亲历者本身坦诚分享与总结,大概就是这本书为同样处于剧烈转型过程中的中国企业所带来的最大价值吧。

纵观本书,无时无刻不体现出作者和小林制药公司的"实在之道"。书中分享的理念和实践,没有什么高大上的道理,但全是"说易行难"的"本分之学"。讲究的是从商业的本质、创新的本质,归根到底是从人的本质上思考一家公司如何计划与行动,才能够在剧烈的社会与历史变革中始终立于不败之地。作者在带领公司经历了几次产品与业务模式的重大转型之后,发出了一句非常平实的感言:"只有顺应时代潮流,企业才能发展壮大。"看似简单,但实际上是一个非常难得的境界。

当下的中国,对于大多数企业而言,转型都是生存与发展的重中之重。同样地,小林制药在过去几十年的发展历程中,从渠道代理到自有品牌经营,从专注于批发销售到研发、生产、销售一体化,从家族企业到上市企业,从搭乘经济飞速发展的顺风船到灵活应对经济衰退所带来的风险与机遇，从专注国内市场到全球化经营，从独立发展到并购扩张，也经历了种种酸甜苦辣、跌宕起伏，无时无刻不在变化中摸索，不断寻找适合公司特点的生存与发展之道。难能可贵的是，这些经历都被作者以亲证者的身份定义为"经营的常道"而娓娓道来，相信这些成长中的痛苦与收获也能让中国类似背景的企业管理者产生许多共鸣。

其实哪一个组织的成长不是这样呢？如果习惯于乘顺风船，容易使人误解社会发展的本质。纵观历史，无论什么样的行业、什么样的时代，乃至什么样的国家和个人，在短期内可能会有极端顺利或者阻力的情况，但是稍稍把时间线拉长，我们能看到的全是起伏变化，这大概也是百年前尼古拉·特斯拉感叹的宇宙的奥秘就在于震荡的道理吧。对人类而言，当我们能够理解并掌握事物发展的客观规律，就有可能充分利用这种起伏变化的力量，顺应时代发展的潮流，该进则进，该退则退，该攻则攻，该守则守。如果一定要逆势而为，一旦碰到巨大的风浪，就可能使企业陷入无法挽回的绝境。

当然这种顺势而为，说起来容易，做起来很难。所依赖的不仅仅是书本上的知识，更多的是在实践中的经验与体会，而且大概率而言，就像"幸存者偏差"所描述的情景那样，这种能力从教训中学习到的程度远比从成功中学到的更加刻骨铭心。这也是本书作者作为实践者的一个优势，从书中的字里行间，我们看到的都不是什么"先知"般的能力。作者以他自身的体会，明确阐述了没有人能够预先知道转型是否成功的事实，所需要的除了谨慎的经营风格与踏实的实践以外，还需要大无畏的责任担当、使命感和坚定的决心与信念。作者的坦诚还体现在当描述公司准备出售家族生意赖以起步的渠道销售主业时，作为创始人家族成员能够做到的"出售已经持续经营了百年的祖业，恐怕是一个固定拿薪水的社长做不到的选择"，而且作者也非常坦诚地表白，尽管当时的决定最终可以说是奏效了，但是要证明这一商业选择正确无误，至今仍有很多挑战。

在我看来，市面上已经有太多没有前提条件约束的企业发展"鸡汤战略"，仿佛只要是别人能做到的最佳成功案例，就对所有企业适用。在各种企业发展案例中，很少有人愿意介绍失败的案例，也很少有人会承认暂时成功的案例并不意味着未来能够证明就是正确的。要知道，无论什么方案，再优秀也都有时间、地点、人物、场景、行业特征等的前提约束，我们也不能忘记"南橘北枳""彼之蜜糖，汝之砒霜"的浅显道理。这种脚踏实地的经营风格和审辨式的传承之道是现代商业文明所缺乏的，也正是本书作者在字里行间所希望表达的。

本书行文风格平实，语言朴素，但随处展现出一个企业家的智慧之学，比如"企业真正的成功永远是人的问题""简单易懂""按部就班做该做的事情""小池塘里的大鱼战略""把自己从固有的观念中解放出来""做一点，卖一点，再多做一点"等等，而且作者也强调要打破那种天生英明神武、依靠某一个神奇点子就能够成功的经营妄念。小林先生把自己的做人风格和经营理念描述为"不懈的努力"、"不输于任何人的努力"和"每时每刻都在思考有没有更好的创意"，久而久之，这些都变成了习惯，就成了自己一种核心的竞争能力。无论什么时代、什么行业，无论遇到顺风、逆风、侧风，这些都是值得我们借鉴和思考的人生智慧。

  当然，正如人们常说的"尽信书不如无书"，本书中的内容是否适合中国的企业，或者说在什么前提条件下适合什么样的中国企业，是一个需要读者自己思考和抉择的话题。我们永远要记得，无论一个理念、一个策略有多么优秀，我们都需要以自身的努力和实践，走出一条符合我们自身能力条件、文化与时代特征和行业特色的生存与发展之路。

前　言

小林制药的总部位于素有"医药之城"之称的大阪道修町。我们公司有"波乐清"和"消臭元"等卫生日用品，或许有很多人是从这些产品以及我们公司所使用的"你想到，我做到"这一电视广告宣传语而知晓我们公司的，又或许是因为我们是"起名简单易懂的公司"而广为人知。我非常高兴我们公司能以大众所喜爱的制造商形象深入人心。

2020年，我们公司的销售额为1505亿日元。单就销售规模而言，我们既比不上那些诞生于道修町并且发展成为大型企业的医药产品制造商，比如武田药品工业和盐野义制药等，也比不过那些兼营卫生日用品的大型制造商，比如花王和宝洁。尽管如此，承蒙大家的关照，我们公司实现了连续 23 年净利润增长，以及自上市以来连续 22 期分红增加的佳绩。

我经常被问及其中的奥秘。虽然公司仍处于发展阶段，不过，作为董事长，我认为我有责任与义务把自己至今所积累的经验传授给我们公司近年来正处于"再成长期"的经营干部。我与现任社长小林章浩一直保持着强烈的传承意识，特别是在市场营销方面，我们总会不断交换意见。

鉴于此，本人决定将自己在市场营销方面所获得的知识和累积的经验汇集成书。希望在后新冠肺炎疫情时代，能为那些在商场拼搏奋斗的人提供些许参考。

序 章

小池塘里的大鱼

使利润增长和持续增派股息成为可能的"优势"与战略

我们公司为什么能够发展到今天这样？我想我的回答会和许多经营者一样，其实应该感谢长久以来一直支持我们的顾客。

即便如此，从企业战略的角度来看，如果非要有一个所谓的理由，那或许是因为我们一直坚守"利基"。我们不是"领导者"，也不是"挑战者"或"追随者"，而是"利基者"。

不过我并不认为我们是遵照市场营销大师菲利普·科特勒教授提出的理论框架来运营公司的。坦率地讲，按部就班做该做的事情，在没有消费的地方创造消费、勇敢地开拓新市场，才是我们的经营之道。

有些产品尽管市场上还没有，但是肯定有不少顾客会想"要是能有一款××产品就好了"。我们的商业模式就是，首先诞生一个挖掘产品潜在需求的创意，再创造出一个锁定利基市场的产品概念，并且根据这个概念开发出新产品，将其投放市场，然后努力将其培育成热销产品。

为实现和发展这种商业模式，我们公司优化了所有经营条件（经营理念/经营哲学、营销战略、组织和人才管理等）。

　　当然，经营者也许应该明白，不管多辛苦建立起来的商业模式，都逃脱不了被他人模仿的命运。尽管如此，我还是非常自信地认为：小林制药的商业模式不是那么容易被模仿的。

　　所谓经营，其实就是人类为了自身发展而发挥各自的创造力进行协作的活动。我们公司就是基于这样的认识建立了上述商业模式。

　　再者，经营学中有一句术语，叫作"创造性模仿"，说的是经营活动即便是始于模仿，但如果不能创造性地赋予它新的价值，那么在商业上也不能成功，更不用说实现可持续的经营了。

　　为了说明这些基于我个人经验的经营观点、思维方式以及管理风格，我将列举一些具体的实例逐一探讨。在序章中，我想先回顾一下我们公司的现有基础是如何建立的。

小林的"战场"在哪里——寻找企业的出路

不知从何时起,我就把小林制药在利基市场战斗的经营方式称为"小池塘里的大鱼"战略了。

这样的池塘虽然很小,但是小池塘里应该也有鱼。首先,我们要找到一个可能有鱼的小池塘,然后在那里垂下鱼线。当然,不是单纯地去垂钓就可以,而是要捷足先登,要做第一个垂钓者。

使这样独特的战略得以确立的最初体验,是"安美露""波乐清""爽花蕾"这三大目前仍然在市场上受到广泛支持的产品品牌的开发和培育。这些都是我在美国留学时得到的灵感。

大学毕业进入家族公司之后不久,我有幸在25岁时获得了一个机会,赴美参加为期两周的研学旅行。当时我是代替作为社长的母亲,初次前往美国。

那是1964年,当时去美国研学这样的机会还很珍贵。初见那样的环境,给了我巨大的冲击和刺激,这种兴趣促使我决心再去美国留学一年。

虽说是在留学，但不可能将自己的公司和工作抛在脑后。我整天想着把我觉得眼前一亮的产品带回日本，重新进行研发和销售。

虽说美国现在依旧是世界上最先进的国家，但在当时我是亲睹了各种流行元素从美国传向世界各地的盛况。因此，无论哪个行业，胜负的关键都在于如何率先发现、生产和销售时下日本市场上还没有的产品。

那时我虽然年轻、缺乏经验，但能全身心地投入工作中，从而在商业上获得了一次又一次的成功，找到了小林制药现在的出路，所以说经营真是一件不可思议的事情。

"不想做的生意"中才有胜机
爽花蕾的热销

如果能率先开发出一款日本市面上还没有但是顾客又非常想要的产品，那么就相当于无人与我竞争——在这样的单纯想法的驱使下，我先后开发了"安美露""波乐清""爽花蕾"三大产品。

我开发的第三款产品爽花蕾于 1975 年 5 月开始发售。日本早有熏香、线香的文化，所以我认为日本人对香薰应该是很敏感的，然而即使到了 20 世纪 70 年代，日本的芳香除臭剂市场也不像欧美那样成熟。

我在留学时看到，美国的卫生间里马桶闪闪发亮，空气里飘散着芳香剂的香气。而当时的日本，卫生间里放置的常常是一种带有浓烈气味的球形除臭剂。

在这当中，我们挖掘到了开发带有"清香""花香"的芳香除臭剂的需求，推出了一款名为"爽花蕾"的新产品，取得了巨大的成功。

如果让我来分析爽花蕾热销的原因，我想答案就在于它是一款过去被称作"不洁之所"的厕所用品。以往人们认为厕所是个"污秽之地"，除了二流制造商，一流制造商是不会愿意生产和销售在"污秽之地"使用的用品的。换句话说，正因为是那些大型企业"不愿意做的生意"，才有了小林制药进入的空间。

当时我想象着也许再过十年，日本的厕所也会像美国一样洁净清新。我认为产品开发"是一项可以为改善日常生活做出贡献的绝佳工作",所以在进行产品开发时,当看到美国市面上销售的(自己觉得好的)产品,时常会想"要是日本也能有一款这样的产品就好了"。带着这样的想法,我在进行产品开发时,会在参考美国产品的同时不断加以改良,以适应日本厕所的实际情况。

"日本厕所环境的未来发展可以参考美国。那么,我们先来看看二者现实中的区别。首先不同的是,日本的厕所和浴室干湿分离、各自独立,而美国的厕所和浴室并不分离。要说不同就在于美国厕所清理起来很方便吧,而且美国的马桶是冲水式的,几乎没有排便的味道,大概是因为便后不久,气味就基本散尽了。也就是说,美国的厕所,只要稍微使用一点熏香就可以。但是日本当时的境况还没法实现这一点,虽然抽水马桶已经开始普及,但多数依然是旱厕。很显然,当时日本很多家庭都为厕所里散发的臭味而烦恼,所以才会使用气味强烈的香气来掩盖吧……"

基于以上猜想,我们提炼了各种产品创意的假设,同时也探讨了产品的便利性和价格等问题。

比如,"要经久耐用一些,至少能用个把月。咱们公司员工的家人似乎更喜欢这样的产品……"

我们让员工把产品拿回家试用，反复进行测试。在假设不断得到验证的过程中，我越来越强烈地感觉到我们的产品会热销。

爽花蕾上市三个月就卖出了 70 万只，远远超过了我们当初定下的 30 万只的年度销售目标。这样的成绩让我倍感振奋。

同年年底，我们设立了爽花蕾奖金。员工们的妻子对这个近乎以往两倍金额的奖金感到惊讶不已，甚至打来电话问"是不是发错了"。在亲历了这样难以置信的产品热销事件之后，公司上下都切身感受到热销产品是如何为公司带来活力的。

真正有需求的产品最终会获得支持

稍早之前的波乐清的诞生

小林制药现在销售的品牌当中，还有一款比爽花蕾销量更高的品牌，就是同为厕所用品的波乐清。它比爽花蕾的发售要早 6 年（1969），这是我从美国留学回来之后做的第一款厕所用品。

与爽花蕾不同的是，波乐清并非一投入市场就大受欢迎，它是一款靠着日积月累逐渐赢得顾客支持的产品。虽然在那之前日本国内也有其他厕所用品，但像波乐清这样仅需按下冲水扳手，蓝色的水就会从水箱里流出来，散发出清香的同时还能清洁马桶的产品，在日本还是前所未见的。波乐清是让日本家庭从清洁马桶这种费力的家务中解放出来的划时代商品。

不过发售当时，日本国内大部分还是旱厕，抽水马桶的普及率只有20%左右，因此尽管波乐清的复购率很高，但销售额并没有明显变化。然而，随着日本经济的快速发展，普通家庭的生活水平日益提高，进入20世纪70年代之后，冲水马桶迅速普及，波乐清的销售额也随之大幅度增长。

波乐清获得成功之后，其他公司也推出了类似的产品。但由于我们通过率先开辟并扎实培育市场，加之批发商和零售商的支持，早在初期阶段就已确立了市场领先地位，以至于只要说起"流进马桶的蓝色的水"，大家就都会想到波乐清。

近年来，不仅是厕所使用的芳香除臭剂，还包括其他各种生活环境中使用的这一类产品，仅在日本国内就拥有了价值938亿日元的市场。①

虽然这样的规模已经无法再称为利基市场了，但这次的成功经验让我越来越确信：这就是我们公司的出路。

前方的路越来越清晰

逐渐得到支持的安美露

小林制药针对当时市场的空白，于1966年推出了一款名为"安美露"的外用消炎止痛药，这是一款用于缓解肩周炎引起的肩部疼痛和肌肉酸痛的医药产品。对于原本就是以医药产品批发为主业的小林制药来说，这款产品比波乐清和爽花蕾更具市场亲和力。

当时的日本，用于肩周炎或腰痛的消炎镇痛药多为贴剂，而安美露是一款液体涂剂，它完美地拥有了与既有产

---

① 资料来源：INTAGE SRI+DATA；市场名称：芳香除臭剂；统计区间：2020年。

品"有所不同,有所创新"的特性。

不过在我的印象当中,这类产品不知为何好像在美国并没有引起多大关注,或许是因为美国的肩周炎患者不像日本那么多吧。

尽管如此,还是能预期到这款产品在日本有很大的需求,所以我们针对这些"贴敷"的需求设置了"涂抹"的栅栏,围出了一个属于我们的"小池塘"。但是,以日本当时的技术,我们很难生产出既方便又好用的产品,所以在产品开发阶段就遇到了困难。

安美露的容器顶部是橡胶材质,只要将橡胶部分按压在患处,就能挤出液体涂抹上药。但是,这个设计有一个问题,就是很难控制好液体的流量。我们根据橡胶的厚度和弹性进行了多次调整,但总是无法按压出合适的量,不是流出来太多,就是根本流不出来。

另外,还有一些其他的问题,比如即使盖着盖子液体也会从里面漏出来,或者流量随着温度的变化而变化。每一项都是棘手的难题,为此我们曾经萌生过从美国制造商那里直接采购产品而我们只负责销售的想法,但经过多年的开发，我们最终得以投产。

然而，安美露在发售之初并没有迎来像波乐清那样的热销场面。虽然我们也预测到那些经常用药治疗肩周炎的老年人长期以来的习惯难以改变，但这更可能是因为相较于"贴剂"，他们对"涂剂"一时还没有概念。

不过在后续的销售过程中，安美露逐渐为人所知晓，并被越来越多的顾客接受。

现在回想起来，安美露和波乐清虽从一开始就受到好评，但没有立即取得巨大成功，然而我们没有就此放弃，依旧对成功转型成为制造商心怀执念，才带来了爽花蕾一上市就热销的局面。

另外，如果我经手的最早的两个产品当时都失败了的话，公司可能早已放弃了进军制造业的打算，那么小林制药恐怕也就不是现在的样子了。

再者，由于父亲早逝，我大学毕业之后就加入了公司，并在30多岁时就开始参与公司的经营。其实，我原本也应该像我们公司的现任社长小林章浩一样，需要在同行业的其他公司学习几年之后，才能作为公司继承人经营公司。

俗话说"祸兮福所倚，福兮祸所伏"。回首往事，我深切体会到，我们接受和应对人生道路上或者公司经营过程中所遭遇的幸运与不幸、成功与失败的态度，将决定我们的未来和命运。

纵观当下社会，自2019年底新冠肺炎疫情来袭，每个人的生活都受到了很大的影响。我们如何看待和接纳这些遭遇，将决定我们今后的工作和人生方向。

发生在日用品和医药行业的变化就是，人们除了注重洗手和佩戴口罩，对于"灭活"的意识也越来越强，这似乎加速了人们对于"消毒"和"抗菌"的关注。为了避免外出、避免与人接触，越来越多的人利用互联网购物或者使用餐饮配送服务。

人们的生活方式和居住环境在不断发生各种变化，当大家强烈地感受到这些变化所带来的便利时，这些变化就会被固化下来，并由此衍生出一些新的变化。

与其他行业相比，卫生日用品行业的消费流向线上的体量似乎还很有限。尽管如此，我们仍然需要冷静地观察和应对社会环境和市场的这种变化。

想要在今后实现持续的利润增长与股息增派绝非易事。每当这一目标得以实现，公司员工都会切身感受到自己正在为社会做出贡献。公司销售规模的大小，决定了自身社会责任的大小。为了创造这样一个理想的未来，小林制药将继续做好自己该做的事情，也就是说，我们将致力于成为一家永远将"你想到，我做到"变为现实的公司。

第 一 部 分
制定正确的市场战略

第 1 章   追求"简单易懂"
第 2 章   创新·求异
第 3 章   新品开发是重中之重

第 1 章

追求"简单易懂"

1.市场营销的关键在"这里"

每个企业都在追求"简单易懂"

正如序章中所述，我在 26 岁时赴美留学一年学习市场营销和广告方面的知识。如果把我当时所学概括成一句话，那就是"要以简单易懂的方式向顾客传达产品的信息"。

时至今日，我依然认为"简单易懂"才是市场营销和广告文案的关键所在。因此，我们公司全体上下一直都在不断地挑战和追求简单易懂。

在卫生日用品领域，无须使用复杂高深的词汇来描述产品，因此我们的工作中有一条铁律，就是必须使用简单易懂的表达让顾客理解我们的产品。

善于表达的人在描述产品的时候，为了更加准确地传达产品信息，往往容易使用一些晦涩难懂的词汇，比如精确的数字或专业术语等。但如果对方不是这方面的专家，这样的说明反而容易成为理解的障碍，最终使对方失去倾听的耐心，从而无法将信息准确传达到位。特别是在市场营销领域，这是必须避免的愚蠢行为。

例如，我们在市场中看到的产品名称和广告文案，都蕴含着各大厂商所重视的产品形象和色彩设计。小林制药就很少使用像资生堂那样时髦的广告文案，当然，这种差别只是源于企业文化以及所经营产品的差异，没有孰优孰劣之分。

不过，包括宝洁和花王这样的巨头在内，所有企业都有一个共通之处，那就是大家都在追求简单易懂。如果你仔细看过我们公司的产品名称或是印刷在包装上的宣传文案，我想你一定会明白我说的意思。

小林制药在产品研发的过程中，非常重视命名、包装、宣传以及促销这四个方面。所谓重视就是指，在产品研发的任何环节，小林制药都是把"如何将产品信息简单易懂地传达给顾客"作为首要考量。

然而，没什么比"简单易懂"这个概念更"复杂难懂"的了。

简单易懂的安美露

在这里我以安美露为例，再深入挖掘一下"简单易懂"这个概念。

"我很爱用""我回购过很多次了""就算不用也看过听过"……对于如此评价过安美露的顾客来说，这款产品的名称应该称得上"简单易懂"。那么，为什么顾客即便不知道"安美露"这个词的意思，也能立刻记住这款产品呢？

在以"贴敷"为主流的时代背景下，安美露以"涂抹"的设计独树一帜，但是单凭这一点还不足以使其成为热销商品。

安美露的主要有效成分具有消炎和促进血液循环的双重功效，也就是说，安美露并不只是肩周炎专用药品，它也可以用于缓解肌肉酸痛和腰痛等症状。

然而，用于缓解肌肉酸痛的药品种类繁多，例如在日本久负盛名的久光制药的"撒隆巴斯"。

小林制药没有扎进巨头云集的"大池塘"，而是选择了在"小池塘"中一决高下。也就是说，小林制药着眼于日

第1章 追求"简单易懂"

本肩周炎患者众多这一痛点,将目标用户范围缩小到想要缓解症状的人群并进行深入挖掘。

我们没有追求面面俱到而是紧扣一点进行深挖,"简单易懂"就由此而来。此外,我们还会"简单"地标明产品的功效和便利性,而"简单"本身就是为了"易懂"。

在我们不断强调缓解肩周炎的功效,并不断追求"简单""易懂"的过程中,顾客逐渐形成了"肩周炎=安美露"的联想,安美露由此获得了一定的市场份额并得以保持。

然而,为了避开其他公司的追击,我们还需要不断地改良产品和创新设计。近年我们还推出了一款将容器加长以便在"背部"使用的加长版安美露,产品包装突出的依然是缓解肩周炎的功效。我们认为基于顾客对"安美露能缓解肩周炎"的认知和信任展开营销,会进一步带来用户增长。

安美露弯弯瓶因其便于涂抹的弯颈形状,同样是一经推出便大受欢迎。对于"安美露弯弯瓶"这一名称,起初公司内部也有反对意见,但我确信这就是简单易懂的小林制药风格的命名。

安美露弯弯瓶上市之后，竞争对手也陆续推出了弯颈容器的产品，但始终未能撼动其地位。

细分市场，深入挖掘，保持领先。正是这种不断追求简单易懂的姿态，让安美露成了长青品牌。

将"简单易懂"放在第一位
成功扩大销售的"生命之母A"案例

小林制药在2005年收购的"生命之母A"是一款用于改善更年期症状的医药产品，因其使用了"更年期障碍"这一罕见表达而大获成功。

老字号医药产品制造商销售的产品生命之母A是一款于1903年发售的历史悠久的产品，据传其原身是创始人笹冈省三为其体弱多病的母亲研发的药物。

后来，笹冈药品又在其生药中加入了女性身体所需的维生素，生命之母A由此作为女性保健药品上市销售。尽管该品牌在转让之初的销售额仅为2亿日元左右，但我认为这款产品完全具有年销30亿日元的潜力。

生命之母A作为日本汉方生药与维生素的复方药物，是当时为数不多的能在功效一栏中写上"更年期障碍"字样的医药产品。

我们之所以在宣传中使用了当时较为罕见的"更年期障碍"一词而非"女性保健药品"这样笼统模糊的表达，就是因为我们考虑到这种方式更容易被饱受更年期症状困扰的女性大众所接受。

如果能使人们普遍了解到绝经前后的女性容易患上更年期障碍从而导致"潮热""多汗""体乏"等不适症状，生命之母A就会获得更多顾客的支持。

考虑到这一点，我们便与笹冈药品签订了"生命之母"系列的独家销售协议，并在后来收购了该项业务。

关于将生命之母A定位为更年期障碍用药进行销售一事，公司内部当初也出现过不少反对的声音，诸如"这种老掉牙的药能卖得出去吗？"，而我认为原制造商笹冈药品之所以将其作为女性保健药品来销售，或许是因为人们对于"更年期障碍"一词还有所避讳。

即便如此，我仍然觉得必须使用"更年期障碍"一词才能简单易懂地向顾客展示这款药品的功效，否则销售这款药品就毫无意义。

当然，这种宣传方式也许会引起部分顾客的不适，也许还会有人"因为不好意思，所以不会购买"。尽管如此，我还是相信通过此次挑战，对于更年期障碍的正确认识会得到普及，总体而言顾客群体还是会不断增长。

小林制药还将在医药产品和卫生日用品领域开发更多产品来解决顾客身体上的烦恼。尽管有时会遇到"尴尬""失礼"等情感上的对立，但我还是坚持追求"简单易懂"。

员工反对也信念不改

"白带护垫＝Sarasaty"的开发实例

Sarasaty是小林制药推出的一款"白带专用护垫"商品。

有不少女性因为在意白带引起的污渍、不适和异味而频繁更换内裤，也有人使用卫生巾代替护垫，但又因此感到不便。Sarasaty就是为了满足这一利基需求而开发的产品，该品牌同时也是我们"小池塘里的大鱼"战略的优等生。

1988年，非生理期使用的白带专用护垫首次在日本推出，当年销售额便达7亿日元，对于一款利基市场的产品来说这无疑是巨大的成功。然而，在我们将要把产品推向市场之际，"白带"一词却成了问题。我印象当中当时的社会风潮似乎认为白带是女性偷偷处理、难以启齿的事情，同时多数人对白带还没有正确的认识。

果不其然，公司内部的多数女性员工都认为最好不要使用"白带"一词。

我完全能理解她们的感受，但还是坚持以"简单易懂"为先，使用了"白带专用护垫"一词来突出其便利性。

女性的强烈反对让我感到很受挫，但我想要实现传播"女性都会有白带""处理白带是很正常的事情"这一认识的愿望占了上风。

改变人们思维方式的产品，顾客未曾见过也不曾想过的产品，可以为日常生活带来"舒适感"的产品——想要开发出这样的新产品，关键还是要以简单易懂的方式表现出产品自身的特性。

概念和命名的智慧

"Sarasaty 纯棉 100"诞生的幕后

虽然我们重视的"小池塘里的大鱼"战略是通过占据最高市场份额来获得高利润率，但这并不意味着要争取 100% 的市场份额。

首先，不管是多么优秀的产品，市场上通常很快就会有新公司加入，所以竞争是永远存在的。若将这些公司视为"敌人"并阻止其进入市场，从长远来看并非上策。

我们应该时刻保持领先意识，正是因为有了紧追不舍的第二名、第三名所带来的紧迫感，我们才会为了创造更好的产品而不懈打磨创意，这样度过的每一天都将成为公司成长的动力。

我的理想是让小林制药的品牌在任何一个品类下都能占据 60%~70% 的市场份额，波乐清就是实现这一理想的最好例子。

多家实力强劲的公司相互竞争的市场局面，对顾客而言也更具吸引力，这反过来又进一步扩大了整个市场，同时也延长了我们公司的产品寿命。例如，就芳香除臭剂这个品类而言，ST公司虽是一直与我们竞争的劲敌，但在与该公司竞争的过程中，有时也会催生出更好的创意。

另外，如果这个"池塘"不是"小池塘"而是"大池塘"，也就是说仅在日本国内市场就能看到巨大发展潜力，那么各家大型制造商就必然会加入进来。

对于那些长年生产生理卫生用品并积累了丰富技术经验的制造商来说，有"不就是白带护垫嘛，这怎么能输给小林！"的想法再自然不过了。事实上，像尤妮佳、花王和宝洁等在日本较为知名的制造商，当时已经完成了"内裤护垫"这一品类的新品开发并将其推向了市场。于是，小林制药的Sarasaty最终陷入了被赶下头把交椅的窘境。

五年后，白带护垫的市场规模已经扩大到约60亿日元，而Sarasaty历尽艰辛也仅勉强保住了1/3的市场份额。

在被大公司追赶的五年时间里，我们的开发团队经历了巨大考验。我们先是试图用一款以0.8毫米的极致轻薄为卖点的新产品Sarasaty 0.8来挽回局面，但销售增长乏力，整个公司甚至到了无法筹集广告费用的地步。

此外，随着市场的成熟，产品通常会转向低价竞争，而在价格竞争力上想要胜过大型资本则是不现实的。

单靠"轻薄"的概念似乎已经无法重新夺回市场，在这样的持续压力和艰辛之下，产品开发组最终将视线落在了"亲肤"的"棉柔"材质上。

就此，我们从之前坚持的"轻薄"理念，逐渐转向对"亲肤"和"高级感"的极致追求。同时，这也是我们避免卷入低价竞争的营销策略。

如果我们不能开发出具有高附加值的全新的白带护垫，Sarasaty就没有未来可言。

能否不被这种危机感击垮并站稳脚跟，在此时成了决定公司如何发展的关键。

于是我们组建了新的项目团队，以加速推进"极致的白带护垫"的开发。最终，我们决定在护垫表面100%使用包括连卫生巾都未曾使用过的纯棉材料，让顾客体验到"内裤般的触感"，试图借此找到出路。

在此背景之下，我们将该产品直接命名为"Sarasaty·Excellent"。关于是否使用这一名称，成了我们最后阶段重

要会议的议题。(以下,K是我,M是项目负责人)

K:取名叫作Sarasaty·Excellent,那么它究竟哪里Excellent(出色)呢?

M:首先自然是肌肤触感,此外从模拟结果来看,该产品在吸收性、防滑防皱方面也得到了很高的评价,在这些优点上有着更胜一筹的表现……

K:那这些性能顾客真的知道吗?这会不会是我们自以为是呢?我感觉我们还是没有把产品的优点很好地传达出来。

M:不不,一些速溶咖啡的高端产品中也有冠以"总统(President)"或"出色"(Excellent)的例子。

K:品牌的好坏,我们暂且不论。我现在说的是顾客还不了解我们这款产品好在哪里、有何优势!

M:……

K:我觉得概念很重要,你们有从概念的层面认真思考过吗?我现在听到的你们的意思是说,因为棉质护垫肌肤触感很好,所以就觉得顾客会愿意买单,于是进行了产品开发，对吗？

M：……我明白了。

我如此强烈地表达了我的意思，但是我觉得他似乎连他自己到底明白了什么都没有搞清楚。但为了让他们摆脱当时的困境，我必须"逼"他们一把。他们迫于压力自然会拼命努力，给他们施加压力的我也同样抱着殊死一搏的决心。

此后，项目团队全体成员都在埋头努力，而我的脑海深处也时常会浮现"Sarasaty·Excellent"这个暂定名称。有时我也会像往常一样问自己："我很严厉地指责了他们，但是他们的意见难道就一点道理也没有吗？"

这期间我收到了一份报告，大意是在问卷调查卡的开放回答以及公司内部女性使用护垫的反馈意见中，发现有人提到"不用这个就会起疹子，用了就不会"。"亲肤＝不起疹子"，其中就蕴藏着简单易懂的哲学，同时我也确信，在销售商品时加入这样的表达，能让顾客瞬间就明白产品的优点。

"凡人"管理者如何创造热销产品

本次聚焦"抗皮疹"和"高级感"等概念的新品开发中，我们在质量方面也进行了反复的测试。

在这个过程中我们发现，如果单论概念评估的话，之前所追求的"轻薄"概念虽然也获得了好评，但在实际使用评价中，"100%纯棉无纺布坐垫般的柔软蓬松感"却得到了更高评价。

我们在与护垫的实际使用者不断交流的过程中，反复进行产品改良和新品开发。产品开发团队的员工也似乎通过这次体验，切身感受到了要从生活语言中引出商品概念的营销准则。

随着我们的假设得到验证，信心也逐步增强，我们启动了区域销售，接着向全国进行推广和销售。

最终，我们决定将其命名为"Sarasaty纯棉100%"，而不是"Sarasaty·Excellent"，并在其包装上用更大的字体标注出"抗皮疹"的宣传文案。

因为是"纯棉"材质，所以具有"抗皮疹"功效，无须使用花哨的语言，就能简单直接地表达出它的优点，让它与其他竞品的区别一目了然，这样一来我们的宣传就变得简单易懂。

1995年，Sarasaty品牌在诞生7年之后，重新焕发了生机，夺回了市场份额。

在那之后，我们开发了在抗菌性能和透气性能等方面进行了改良的衍生产品，通过这一方式与大型制造商展开竞争，同时作为一个具有独特性的品牌持续为市场发展做出重要贡献。

这些经验是我与每一位员工共同积累下来的。员工们称我为天才，其实不然，我所做的只不过是关注员工的努力并偶尔施以援手，或是做出领导决策推动大家前进而已。

正因为知道自己是个凡人，所以才会坚定地相信员工的潜能，并与他们一起不断反复思考。在这个过程中，我会甄别我收到的信息并思考这些信息是否可以利用，是否可以从这些信息中获得灵感，然后与项目团队成员分享从中得到的决策启发。通过这种方式，我们共同找到了所谓的正确答案，而小林制药也通过求问于世间，最终成为一家创造热销产品的公司。

现在的Sarasaty已经成长为一个能够抵御残酷市场竞争的韧性品牌。让我欣慰的是，听说当年担任市场开发负责人的M为了更加深入系统地理解当时与我的讨论内容，又重新开始恶补市场营销准则了。也许是努力得到了回报，他现在已经成为公司的董事之一，继续支撑着小林制药的经营。

2. 以时代为镜，倾听顾客之声

吸收顾客之声

我们公司的代表品牌波乐清（Bluelet），其命名是由"Blue"（蓝色）和"Toilet"（马桶）两个词组合而来的，在产品开发之初是为表达可以清洁马桶的蓝色水流之意。

然而到了今天，"无色"波乐清的市场占比却达到了近90%。事实上，我也曾一度执着地认为"既然叫作波乐清（Bluelet），那就必须是蓝色（Blue）"。因为这是我开发的第一款厕所产品，所以对它也格外花了心思。然而有时我也会想，如果一直执着于这一点的话，这个品牌现在会是什么样。经营管理固然需要坚守执念，但也要小心变成固执己见。

对于健康意识日益增强的现代人来说，大小便的颜色能反映一个人的健康状况，这一点应该是众所周知的常识。让我们决定"改用无色代替蓝色"的一个契机，便是因为在产品盒内的问卷调查卡中，有顾客提到"如果马桶水是蓝色的，我们就很难辨别大小便的颜色了"。

此外，也有顾客说"马桶水位线上沉淀的蓝色污垢让人觉得很烦恼"。在日本经济快速增长的时期，双职工家庭、核心家庭日益增多，对马桶清洁这样的家务也难免渐渐怠惰，因此会有人这么想也很自然。

"随着生活环境和知识信息的更新换代，发售之初具有革新性的'蓝色'也早已今时不同往日。对于波乐清的顾客而言，似乎'无色'透明会更方便。如果这款产品除了芳香、除臭还兼具杀菌的功效，应该就能让顾客继续使用波乐清了吧。不过这该怎么命名呢？至于质量，只要顺应时代潮流加以改进就好，不过，波乐清这个品牌名称应该已经深入人心了，所以无色的波乐清应该也没问题吧……"

思来想去，波乐清这个品牌名称还是被继续保留了下来。前文中提到的安美露也是如此。在利基市场上获得最高份额之后会产生各种效应，其中之一便是，产品名称一旦确定就很难被大众遗忘。

广告应优先考虑简单易懂

当人们说小林制药的电视广告又"有趣"又"容易记住"时，我真的会很高兴。

如今街头巷尾播放的广告，很多都是邀请当红艺人，在华丽的布景或外景中拍摄的。当然，这些都是值得我们公司参考的研究对象。

不过，我们在制作广告时，依然毫不动摇地追求简洁，把"简单易懂"放在第一位，自然也就不需要花费那么高的制作费用了。

我在进行广告审批时，设置了"内容审批""临剪审批""正式审批"三个环节。如果没能通过这三个审批环节，广告就不能在电视上播出。这个过程也是确认简单易懂的名称、简单易懂的包装和简单易懂的广告等市场基本要素的机会。当然，在最终审批之前，包括参与制作的广告代理商和品牌主管在内的很多人都非常努力，但有时我也会发现他们会有不明缘由的偏离基本原则的行为。

接下来我要讲的是我们在为一款名为"足跟滋润棒"的产品制作广告时发生的事情。在进行内容审批时,确定了"露出脚底涂抹乳膏"的镜头,而到了临剪审批时,该镜头又被改成了"不露出脚底涂抹乳膏"。当然,相关人员应该是觉得那样拍摄比较美观,但是他们却在不知不觉中漏掉了重要的元素。

卫生日用品的广告不是艺术作品,当日常生活中使用我们产品的消费者在观看广告时,如果不能让他们"简单易懂"地获取到产品信息,那么我们花费再多成本制作广告也是在做没有意义的事情。缺少了"露出脚底"这一基本前提的话,广告宣传就失去了意义。

广告宣传费用是从全体员工的汗水换来的利润中筹集出来的,既然我们必须要用比新品开发阶段的审批更加严格的眼光来确保资金的正确使用,我们就必须贯彻好紧扣基本原则来进行广告剪辑的态度。

概念也要追求简单易懂

在新品开发中,概念也必须简单易懂。

那么，什么是简单易懂的概念呢？简而言之，只要能让顾客产生"啊，是吗？我好想要这样的产品！好想用用看！"的想法即可。

例如，我们公司有一款叫作"冰宝贴"的热销产品。

当孩子发烧时，大人会着急用冷水打湿毛巾再拧干后放在孩子的额头上，但孩子每次一翻身毛巾就会滑落。毛巾的温度也会逐渐上升，因此又需要去再次打湿弄凉。"这样真的是让人头疼啊，怎么办呢？难道没有更好的办法了吗？难道没有更方便一点的东西吗？"

爱子心切的父母们，常常为此烦恼不已。为了解决这一困扰，我们开发了这款"冰宝贴"。它的产品概念就是：一种可直接使用并能完美固定的冷却凝胶贴。

这款产品的开发，也是我们成功地创造了能被顾客瞬间理解的概念的一个例子。

日常工作也要追求简单易懂

简单易懂的命名、简单易懂的包装、简单易懂的广告、简单易懂的促销活动，还有简单易懂的概念。

想要在营销的所有环节中贯彻"简单易懂"，我们就需要在日常工作中掌握各种技巧。

例如在进行商务演讲时，人们往往会倾向于使用复杂难懂的前沿词汇，但同样的内容如果可以用简单易懂的语言来表达，反而会让对方更容易理解。

即使是员工提交的一份报告，评价其好坏也要以"简单易懂"为标准。相比那些内容密密麻麻、语言晦涩难懂的报告，我更愿意把好评给那些把报告写得非常通俗易懂并且一定会在文末明确署名的员工。我想，将这样的评价标准作为企业文化来保持应该也是有用的。

另外，简单易懂的资料还有不浪费商业伙伴时间的优点，这也是对对方的一种体恤和照顾。

即便不是广告策划方案，人们也经常会将PPT（演示文稿）中的图表和数据进行投屏解说，这时如果有人使用激光笔我就会很烦躁。因为边解说边指点的人往往都会紧张，激光笔左摇右晃无法固定在某一个点上，有时很难看清到底指在了哪里。

如果你有心让听众觉得简单易懂，传统的"指示棒"虽然比较老套，但有时反而效果更好。换言之，简单易懂与否是由信息接收者决定的。

例如，我们公司每年会举办两次邀请零售商和分销商等参加的新品洽谈会，每当这时我们会让公司全体员工穿着半被①接待来客。

有时我会问员工："你们知道我们为什么要穿半被吗？"很多人会回答："是为了看起来比较有气势。"

这个回答倒也没错，但我的目的是在现场能一眼就分辨出谁是客户，谁是小林制药的员工。当顾客有问题想咨询小林制药时，直接找穿半被的人就行了。员工也能马上知道没穿半被的人是客户，从而避免不必要的失礼。

虽然听起来是很简单的小事，但我相信只要持续地做好每一件小事，就有可能提升我们在新品开发过程中发现问题的能力，从而促进个人与公司的成长。

---

① 手艺人、工匠等所穿，在领上或后背印有字号的日本式短外衣。——译者注

第 2 章

创新・求异

1.新品开发的灵感从哪来

创造始于模仿好东西

新品开发是一项创造性工作，就是要创造前所未有的产品。要想创造出好东西，首先需要具备判断"什么是好东西"的能力，并提高这项判断力。

我们总说创造是对现有事物的排列组合，学习始于模仿。所以说如果连模仿都不会，创造就更无从谈起。

我从事产品开发，也是始于模仿，关于这一点，我在本书序章中也曾提及。那时主要是参考自己在美国看到的优秀产品来进行产品研发，同时在产品中融入面向日本市场个性化定制的附加价值。安美露、波乐清和爽花蕾这三款产品就是这样诞生并成为热销产品，甚至成了长青品牌。

波乐清和爽花蕾的诞生，是因为我当时了解到走在世界前列的美国所使用的马桶。我们想要创造出好东西，就必须具备判断"什么是好东西"的能力。

那么这种能力从何而来？我不认为自己有什么过人的

天赋，只不过在了解、学习和探索"什么是好东西"这件事上，我付出了超过常人的努力。如果一样东西大家都说"好"，我就会关注并发现它到底好在哪里。当然，要时刻保持这种意识并非易事，其中的艰辛也是必经之路。

这些经历让我逐渐认识到，其实所谓的模仿就是用自己的方式去理解一件事物优点的过程。

我们绝不能因为人人都说它好就觉得它好，而是要深入学习和理解"它为什么好"，然后在此基础上进行模仿，才会带来全新的创意。

既然是像我这样的凡人都能办到的事情，或许它也适用于大多数人。只要脚踏实地地不断努力，终有一天我们会站上新的台阶。

换句话说，就是总有一天我们会迎来"超越自己"的瞬间。

不过话说回来，就算你坐在桌前绞尽脑汁去想有没有什么（好东西），你也无法得到好的创意。所以，不管怎么说，你首先要试着去模仿那些所谓的"好"东西，也就是说，不管怎样你先要试试看才行。

因此，你要认真思考它"是否真的好"，并且不断地尝试去理解它的"好"，直到你能够独立判断为止。

在这个过程中，你的品位和创意能力会逐渐得到磨炼，并最终发现创造新事物的机会。

事实上，到现在，以我在创意方面的经验来看，虽不能否定天赋在其中的作用，但很多时候，每个人的品位高低，更多来自经验的多寡和日常发现问题能力的高低。

此外，市场调研和问卷调查固然重要，但顾客的需求不是仅凭这些就能轻松掌握的。我们应该认识到，一百个人有一百个想法，每个人都有自己的好恶。

因此，一个组织的领导者应该思考建立一个机制，让每一个人都能思考自己"想要什么，需要什么"，并且相互交换意见。

比如，自己想要某个创意的产品，或者自己喜欢某个创意、极力去推进研发，如果整个公司都接受这样的思考方式，大家一起出谋划策，就能获得巨大的成功。

我一直相信这种可能性。

"先试试看"的重要性

创造性的模仿——"刻立洁眼镜清洁纸"

有句话叫"不试不知道"。在工作中,体验非常宝贵。

我们有一款叫作"刻立洁眼镜清洁纸"的产品,自1994年发售以来,已经畅销超过了1/4个世纪。

我在国外出差时,发现了一个独立包装的纸巾式眼镜清洁剂,感觉非常方便,于是把它带回国后就立即交给了市场开发部,吩咐他们"研究一下这个产品"。

这项产品的开发是由一位经验尚浅的20多岁的年轻人负责。他按照自己的方式做了市场调研和概念调研之后,在产品开发会议上汇报说他想要暂停该项目的开发。他给出的理由大致的意思是,目前市面上有液滴型清洁剂,售价100日元左右,可以使用100次以上,这样算下来每次使用的费用不到1日元。而这个项目估算使用一次需要30日元,价格上没有竞争力。

基于调查的判断应该是有效的,但是很快我就发现,他显然没有真正理解我所认为的概念。

"你真的是一点都没搞懂我的意思啊！"

我忍不住说出了实话，但因为他还是年轻员工，所以我试着用简单易懂的方式跟他仔细解释："首先，我们要考虑使用时是否方便。你看，我们只要用一张纸，就可以擦拭干净了，这对客人来说是不是很方便？但是，液滴型清洁剂就做不到这一点。它是不是还需要再用布或者纸巾来擦拭干净？你这光顾着看数字了！我们首先要考虑的是顾客的使用感受。"

我像往常一样，用案例结合原理原则，时而要求他，时而询问他的意见，作为社长的我费尽了口舌，但从他的表情中仍能看出他的不服。

"行了，没关系的，我们先试试看吧！"

就此我们启动了产品开发工作。是自上而下型好，还是自下而上型好？是产品输出型好，还是市场导入型好？其实，在实际经营过程中，比起拘泥于这样那样的理论框架，我们更需要不时地"先试试看"。

产品开发工作启动之后，我们遇到的瓶颈果然还是价格。测试结果不出我所料，购买者的满意度很高，但回购意向率很低，究其原因似乎还是价格。

于是，我们请销售部门共同参会研究，会上作为社长的我问各个区域的销售经理："有谁能来帮我销售？"最后大阪的销售经理举手表示："既然社长都这么说了，那就让我们试试吧……"虽然他们只有三家店铺，但当即就决定由他们进行试销。

结果出乎员工的意料，他们取得了足以将该产品作为常规商品摆上货架的销售业绩。

对于销售部门而言，没有什么比在卖场得出的结论更具有说服力。自那以后，我们就抱着无论如何也要让这个产品取得成功的想法，彼此共同努力。

"有人反馈说纸质包装的印刷效果不理想，看看怎么解决这个问题？"

"那就改用塑料材质的包装吧。要是这样的话，我们就不要只做一次性的，把它做成可以重复使用的吧。"

"要想那样的话，就做成折叠式，怎么样？"

"好，不过还有个问题，我们能不能再提高一下它的擦拭性能？"

"当然可以，把纸换成无纺布，再加上压花工艺就会更好。"

通过员工们如此这般地不断交流和打磨创意而完成的新产品，与我当初从海外带回来的产品简直判若两物，它已经被赋予了全新价值。

要实现"创造性的模仿"，接下来的工作只需要将产品变成热销商品即可。我们首先确认了它在三家店铺的销售状况，反映良好，于是下一步将它放到一些特定的量贩店进行销售，之后再扩大到区域销售。在这个过程中，我也成了该产品的销售员之一。在洽谈会上借着和客户打招呼的机会，只要时间允许，我就会用我们的眼镜清洁纸一边"擦擦"自己的眼镜一边喃喃自语："这可真是个好产品哦。"然后递给他们让他们用用看。客户使用之后的反应，让我更加确信这款产品一定能行。

随着该品牌在全国范围内销售区域的不断扩大，生产成本逐渐下降，加之产品品类的增加，现在它已经成长为一个能带来巨大销售额和利润的品牌。目前，我们已经成功进军美国等海外市场。

灵感其实无处不在——日常生活中也有学问

从刻立洁眼镜清洁纸的例子可以看出，虽然对于如何产生新品开发的创意并使其成为热销产品无法一概而论，但如果非要说有什么秘诀的话，我认为这取决于你为实现这一梦想能燃起多强的信念，要做到始终不偏离顾客的视线，始终保持实现"你想到，我做到"这一愿望的初衷。

那么，我们如何才能获得这样的信念呢？

例如，当你去百货商店购买贵重物品时，卖家会推荐给你各种商品。虽然我们不用把他们的销售话术都听下来，但有时也需要贪婪地把它当作一个"学习机会"。

当你想买齐一套西装、衬衫和领带等物品时，如果你请给你推荐的专业店员帮你挑选，就能免费获得专业品位的搭配。你若认真地询问对方，也能得到对方热情的回答。

因此，即使你觉得店员的搭配不符合自己的品位，你也可以尝试先接受店员的品位，这样一来你的穿衣品位或许会提高一个档次。我的经验告诉我：把自己从固有的观念中解放出来，在日常生活中养成寻找更好东西的习惯，这最终会提高你在工作中的创造力。

我自己在进行服装搭配的时候，常常会想"这样的搭配是不是也可以""这样好像也可以"，这正是我们思考新品开发的创意、致力于创造好东西时该有的思维方式。

例如，我们有一款叫"Riff腋下吸汗贴"的产品。这是一款真正意义上瞄准利基市场研发的解决腋下汗渍问题的热销商品。事实上，这个产品的灵感是我在大阪的一家俱乐部里与一位穿着高级西装的女性聊天时得到的。

那位女性说她经常因为"汗渍"烦恼，腋下等部位一出汗就会在西装上留下脏脏的汗渍，但她又不太想因为这一点汗渍去清洗整件衣服，所以她问我有没有什么好东西可以防止这种情况发生。

在认真聆听这位女性的困扰时，我一直在思考一个问题，那就是"我们能不能为此做点什么？"——这也意外地成了我工作能力的一种训练方式。岂止如此，它还给我们带来了实际的商机。

其实，哪怕是在酒桌之上也能产生灵感，但若没有进一步思考"有没有什么解决方案"的习惯，灵感就会从你眼前溜走。

2. 持续提升自身和公司水平

创造能够时常思考的环境

关于如何在创造性工作中取得成功，在上一节中我已经阐述了一些自己的看法。接下来，让我们从如何发展下属的角度进行探讨。

我经常问我的员工："现在医药用品和日用品都有很多新产品上市，你喜欢什么样的产品？"

有些人会回答"我喜欢××产品"，把他喜欢的产品的具体名称告诉我，也有些人会回答"没有什么特别喜欢的产品"。

其实，其他公司的优秀产品中隐藏着很多新品开发的灵感。一个人要是有"寻找好产品""学习好产品"的意识，就会像前者那样回答我的问题。

关于电视广告，我也会经常问我的员工："最近有没有你喜欢的广告？"

答案自然是各种各样，但我认为那些回答"其实我比较喜欢××公司的××广告，我也想买××"的员工更有前途，回答"因为我是男性，所以不会买，不过那个面向女性的广告真的很不错"之类的人也一样有前途。

我们在平常的生活中要保持寻找、学习好东西的敏锐性，并养成这样的习惯，这一点有利于提升我们的自我创造力，整个公司的创造力最终也因此会得到提升。

我们公司会举办商业广告的内部学习会，通过比较观看我们公司和其他公司目前正在投放的商业广告，让大家发言指出各自的优缺点，最后由我来进行总结，以此为大家提供互相学习的机会。

负责市场营销的员工之间会相互交换意见，再将他们的意见与我的意见进行对比，从而寻求他们对于该商业广告优缺点的共同理解。这也是他们自己实际负责商业广告制作时的一种锻炼。

无论你是一名公司员工，还是一名市场营销专员，如果你能保持这样的学习让自己不断成长，我想用不了多久，就算是躺在家里看电视，你也会很自然地注意到优秀的商业广告，然后将其中的启发吸收为己所用。

罗马不是一天建成的。我的经验告诉我，市场营销能力的提升归根结底还在于不懈的努力，在于不输任何人的努力。

要时刻思考"有没有什么好的创意（方案）……"。只要一直这样保持思考，答案总有一天会在脑海中浮现。

坐在洗手间马桶上休息的瞬间，或者在浴缸中泡澡的片刻，一个创意突然在脑海里浮现——这样的事情并不只会发生在天才身上。

如果你能像这样时常提升自己的思考意识，即使是在娱乐和休息的时候你也会有所"发现"。

举个例子，音乐流派众多，我是属于喜好演歌①的那一代人，所以对演歌会比较关注。我注意到那些常年专注于演歌这一有限框架从事作曲的人，却时常能有新的旋律问世，这一点总让我震惊不已。

相比由有限的音阶组成的演歌，幸运的是，我们的卫生日用品事业拥有着无限的可能。即使只专注于利基市场，

---

① 演歌是日本特有的一种歌曲，可以理解为日本的经典老歌，是综合江户时代日本民俗艺人的唱腔风格，融入日本各地民族情调的歌曲。——编者注

我们创意的源泉也无处不在，新品开发的可能性也无限宽广。这样一比较，我们的心态也会变得更积极。

2016年，我们推出了一款叫作"安美露 NEO LONG"的医药产品。这款产品的问世，得益于我们的员工坚持思考"还有没有什么新的创意"，没有认为"这个品牌不会再有新的创意了"而轻言放弃。它的创意就在于，容器颈部做得比以前更长，从而可以轻松触及背部。

"能不能设计得更方便一点？""有没有让顾客更喜欢的方式？""如何改良才能让更多人购买？"——不断追求更好，这样的工作态度在我们公司的象征性表达就是"创新·求异"。

我们可以自己创造某种环境和氛围，来保持对创意的思考。如果发现自己厌倦了，我就会尝试在家中各处都摆放上安美露。每天看着餐桌上、电视机旁以及床边的安美露，我对它们的感情似乎也越来越深，努力一段时间之后，它们有时甚至会出现在我的梦里。

当然我也一直在思考"有没有什么好的创意……"，脑海中一旦有创意浮现我就会马上记下来。我睡觉时也会在床边放一张便笺，以便随时记录。

我经常去老客户的药妆店等店铺，去那里观察其他公司的畅销产品。在观察的过程中就会有所"发现"。比如，我有时会想："这款产品，要是我们公司来做的话可能会这样做，那样应该会更畅销。"当然，有时也只会单纯地想："咦，这款产品为什么会如此畅销？"这样的体验其实是新品开发中最迷人的地方之一。

不要忘记享受工作

不知从何时起，我每天早上睁开眼的第一件事情就是想："在今天的内部会议上，能听到什么样的意见呢？我要和大家谈点什么呢？市场销售人员要是能基于我的意见给出更好的方案就好了。"那时的我简直是沉迷于工作无法自拔。

在营销会议上有时候能得出一个好的方案，这样的体验就像是解决了一道数学难题一样有成就感。尽管我是个把工作作为爱好的工作狂，但我仍然认为"在工作中获得快乐"才是工作的理想状态。

我们公司的新品开发会议大多时候都非常紧张，不过有时候也还是需要一些轻松的互动。比如，我们在讨论"波乐清·嘟咚"的时候便是如此。

当时，所有参会人员齐聚在研究所会议室，会议室中央放置着一个冲水箱，旁边六个大桶排成一排。该项研究的负责人首先就药剂的膨胀程度以及稳定性等质量问题进行了解说。

我因为比较在意产品的命名，便问市场开发人员取个什么名字比较好。

有人给出意见说："既然放在水箱上的那款叫作'波乐清·只须放置'，那这款就叫作'波乐清·只须投入水箱'怎么样？"这个说法虽然挺可爱，但我还是暂且忍耐道："还有没有别的意见呀？比如……"话音刚落，参会人员便开始讨论起来。我看大家讨论得差不多了，就提出了一个建议。

"要不把它实际投进水箱试试看？"

研究人员把药剂一扔进水箱，就听见相当响亮的一声

"扑通",大家脸上逐渐浮现出笑容。这时销售经理说道:"叫'水箱扑通'怎么样?"

"确实是扑通一声没错(苦笑)。可是,不会让人误认为是人旱厕时的那个声音吗?"

"是啊。这可太尴尬了(笑)。"

在这样的氛围中,每个人都开始踊跃发言。我想再讨论讨论应该就能得出个什么结论了。

"唰嘭,怎么样?"

"戛嘭呢?"

每投一次药剂进入水箱都会有人提出新的意见。突然有个声音问:"嘟咚!怎么样?"这个提案让每个参会人员脸上都露出了会心的微笑。

因为这个提案是我提出来的,我多少有些扬扬得意。我说:"波乐清·嘟咚!不就是个挺好的名字嘛!"营业部门的负责人回应说:"是啊!听起来感觉去污能力也很强呢!"于是就此得出了结论。

就这样,我们公司 1991 年推出的"波乐清·嘟咚"可喜地成了一款热销商品。作为我们公司非常成功的会议之一，新产品开发会议虽然有些"吵闹"，但若追本溯源，据说这是本田汽车制造商十分重视的一种会议方式，我们公司也想将这种方式好好延续下去。

对命名的讲究和执念
"偷懒环"的开发实例

我们公司有一个名为"马桶洗净中"的系列产品。该系列产品能清洗马桶底部积聚的黑色污垢和黄色印渍，现在作为波乐清品牌下的产品仍在继续销售。

在"马桶洗净中"之后，我们又开发了一款名为"偷懒环"的洁厕剂新产品，这是一款利用泡沫和氯气来清洁马桶水位线上黑色污垢的产品。

在波乐清品牌中，全都是专注于利基市场的"小林风格"产品。对于顾客而言，这些产品不单方便易用、优点明确，同时概念也清晰明了。

然而，对于"马桶洗净中"这个命名，我并非没有顾虑。

我的经验告诉我，这样的命名可以作为一个产品名称，但是很难支撑起一个独立品牌。这种表达方式确实简单易懂，但同时也是人人都能用、人人都想得到的普通且浅显的表达方式。

尽管如此，在偷懒环的开发阶段，我们还是计划将"马桶洗净中"作为一个新品牌独立出来，再将偷懒环作为其系列产品之一推出。其实，当时的名称也非偷懒环，而是"马桶洗净中·黑色污垢对策"。

我记得有些客户将水位线处积聚的黑色污垢叫作"偷懒线"。另外，波乐清品牌的广告语中也用到过这个词，我印象特别深刻。

我莫名觉得这个可爱的名字很有小林风格，于是把其中的"线"改成了"环"，并决心将产品命名为"偷懒环"。

培育品牌的同时追求风格

"偷懒环"这一表达也并非没有顾虑，顾客可能会认为这种表达过于随意或过于儿戏。但毫无疑问，这是其他公司肯定不会使用的名称。或许这款产品不会马上为人们所熟知，但是如果顾客能记住这个让人忍俊不禁、简单易懂又有趣可爱的名字，我觉得也不错。

创造和培育新品牌固然重要，但必须用冷静的眼光去看待、分析和把握。只有深入、广泛、长久地打动客户，才能创造出品牌价值。

后来，这款名为"偷懒环"的产品的销售业绩越来越好。从那以后，似乎每一个员工都接纳了这个命名。

"因为每天都很忙，所以总想偷懒不洗马桶……"

"那您要不要试试这款偷懒环呢？"

"嗯？偷懒环是什么？"

"（看包装确认产品特性）啊！原来如此！这就是我一直想要的啊，简直太棒了！"

这款名字有趣可爱的产品，总能让人联想到与顾客的愉悦对话，也承蒙顾客的抬爱，它一直保持着良好的销售势头。

但后来出现了一个令我担忧的问题。

2020年，当我们在开发偷懒环的增效加量版新品时，有人提出了"马桶洗净中·强力发泡"的命名。

可能我们的员工当中还是有人想把"马桶洗净中"打造

成品牌吧。

我在担任董事长的这几年里,基本上不去干涉最终决策。但窥一斑可知全豹,我有一种危机感,如果还有人继续如此提案的话,可能会对小林风格造成无形的伤害。

当货架上同时摆放着"偷懒环"和"马桶洗净中·强力发泡"时,顾客会怎么想?这看起来就像两个完全不同的商品摆放在了一起,让人感觉很奇怪。

我们将"偷懒环"和"偷懒环·强力发泡"同时进驻门店,以此加深顾客对"偷懒环"系列产品的印象。这样一来,就可以在顾客购买这个系列产品时演绎"货架上的简单易懂",公司认为这比冠以"马桶洗净中"的销售额要高出 20% 左右。

我们决不能忘记这种意识。

即使费尽心血,也要有断然舍弃的决心

任公司董事长以来,我不断地进行新品开发的创造性模仿,并在此基础上提高每个员工的创造力,我认为这些都是必不可少的。我也一直在想，那些优秀的销售员工是如何产生创意并推进产品开发的呢？或许把他们销售的"现场"展现给大家会有一定的参考性。

我们曾经召开过一次创意会议，我到现在依然记得非常清楚，那天讨论的主题是"擦干雨水淋湿的皮鞋的创意"，由一名在市场开发方面业绩出色的负责人做了分享（也可以说是"演示"）。

起初我并没有打算花那么长的时间听他的分享，但是他热情洋溢的解说深深地吸引了我，他如数家珍般地介绍了各种吸收水分的方法。我听着听着不知不觉就脱下了自己的皮鞋让他拿去演示。

那天参会的员工都是大忙人，演讲持续时间太久了都有些烦躁。终于那名负责开发的员工做了总结发言："虽然脑洞大开地想了这么多，但我认为最好的办法还是把报纸揉成团塞进鞋子，所以我觉得可以停止讨论本次创意。"

我立刻接话道："果然还是报纸最好用吗？那行吧！"

全场哄堂大笑，会议就这样结束了。

要试着站在顾客的立场换位思考。当我们发现利基需求和应当瞄准的潜力市场时,我们会深入思考这些需求是否能形成一个市场。首先,进行尝试。在此基础上若明确知道无论如何都行不通的话,就干脆利落地放弃。然后,再将精力投入下一个创意。

每个人都想坚守自己来之不易的创意种子,但若没有断然舍弃的决心,就无法继续前行。

理论教学难以教授的营销技巧可以通过实例展示来学习,我认为这次演示会就是这样的机会。

向合作公司寻求创意

为了获得一个好的创意,我们会动用一切必要的资源。正是这种想法促使我们形成了一种价值观,即不仅要从自己的公司,还要积极向客户寻求创意。制造商、分销商和零售商的视角和想法各不相同,仔细听取他们的意见,我们才能从不同的角度得到创意的灵感。我们还鼓励许多合作工厂根据其现有技术向我们每日提议:"我们认为可以生产这样的产品,怎么样?"

事实上，我们有过将这些创意进一步孵化并启动新品开发的例子。

我们会将产品的制造工作委托给那些为我们提出了好方案的合作工厂，这样可以进一步加强我们之间共存共荣的纽带。

此外，我们还会为客户提供展示的机会。我们会从他们的提案中挑选出有望商业化的创意并纳入公司的内部议程进行审议。有些客户能充分运用其专业知识，发现一些我们自己难以察觉的问题。我们公司的客户真可谓是名副其实的创意宝库。

我们进行新品开发的目的是什么？当我们回归原点去思考这个问题时，就会发现我们必须摒弃权威主义的自尊和骄傲。"新品开发才是制造商的生命"，这一信念和气概非常重要，但为了保持产品旺盛长久的生命力，我们需要采取灵活的态度，广泛咨询不同客户，并不断吸收他们的意见和创意。

3. "这样就够了"是衰退的开始

努力打磨创意，潜心追求极致

任何行业的新品开发、现有产品的改进或功能增加，都需要进行反复的假设和验证。我们先来看看销售小林制药产品的零售行业的情况，比如Seven&I控股公司的"7-11"，在全国已经拥有超过2万家门店，可以说便利店早已成为许多日本人日常生活的一部分。

铃木敏文是将便利店这一业态推广到日本的先驱，他对商品的讲究和执着的程度简直令人惊叹。关于这一点，他的逸事有很多。

井阪隆一（现Seven&I控股公司社长）在接受杂志等媒体采访时，谈及自己在铃木先生那里学习时的体验，常会提起20多年前的"中华冷面"改良的故事。据说当时负责产品开发的井坂先生的提案，被时任董事长的铃木先生退回修改了11次之多。

井坂先生每次推出的"中华冷面"肯定也都很美味，但一直没能达到铃木先生期待的水平。为了获得铃木先生的认可，井坂先生在彻底参透中华料理名店面条的味道和筋道等特点的基础上，不断地尝试，反复地改良，终于获得了成功。

提出要求的一方和回应要求的一方都应心怀执念，决不能仅仅满足于产品畅销的结果。双方对于产品不断精益求精的执着追求会不断碰撞出新的火花，最终孕育出超乎顾客想象的全新创意。在得知铃木先生的逸事后，我更加确定自己秉持的危机意识以及对它的坚定信念绝不会有错。

就小林制药而言，多年来深受顾客青睐并拥有惊人市场份额的波乐清品牌，由于未能坚持"没有最好，只有更好"的信念而开始走下坡路。

另外，芳香除臭剂的品类当中，小林制药的爽花蕾品牌已经很成熟了，如果我们因此而认为这个品类可以高枕无忧，我们就不可能在爽花蕾之后再创造出一个大品牌。

我们的大热系列产品品牌"消臭元"就是因为有这种忧患意识才得以创立的。

1995年我们推出了厕所专用消臭元，又于1998年推出了房间专用消臭元，并在此后不断推出了它的各种衍生产品。这款产品最初是参考我在法国巴黎的超市发现的产品而开发的一款新品,如今它已经成长为支撑我们公司经营的大品牌了。

今天并非昨天的延长线。即便是昨天畅销的产品,我们也不能保证它今天、明天甚至后天依然畅销。销售终端数据分析虽然对于寻找滞销商品是有效的,但它毕竟只是一个结果判断,并不能有效预测未来哪款产品会畅销。这样的认知,有助于为我们保持最高市场份额乃至提升公司品牌形象奠定基础。

但是如果稍有差错,这种坚持就有变为固执和独断的危险,所以必须避免朝着这个方向发展。我们要避免固执己见,避免将自己的意见强加于人的做法。

在众多分销商和零售商的帮助下,我们才得以发展到今天这个程度。一路走来,我见证了诸多公司的兴衰,有的蓬勃发展,有的陷入困境。我注意到,当经营管理出现问题时,衰退的迹象就会在一线露出端倪。

当公司职员不再贯彻将顾客作为思考的中心和出发点,而开始将视线转向公司内部时,像采购部门这样处于一线的工作就会走样。

商品怎么放置最方便顾客购买？为此各大零售商的买手都会绞尽脑汁来决定商品的货架陈列。然而，我发现有些公司内部各部门之间互相争夺自己想要的位置。这样一来，产品如何陈列最终变成由公司内部势力的强弱所决定。

如果首先考虑的是小团体的利益，企业就会逐渐被客户抛弃从而走上衰退的道路。这是非常可怕的事情。

齐心协力！集思广益！
从"垃圾爽花蕾"得到的教训

我们有一款爽花蕾品牌的衍生产品，叫作"垃圾爽花蕾"，供顾客贴在厨余垃圾桶的盖子下方使用。

关于这款产品，我们收到了一些客户的投诉。客户说他们在按压垃圾爽花蕾内置的小袋子进行除臭时，袋内的液体有时会喷溅到眼睛里。这批产品虽然只有极少部分是这样的残次品，但依旧给我们的顾客朋友带来了麻烦，因此我当机立断将这批产品全部作为残次品召回。因为这款产品也是很多顾客长期使用的产品，所以我们决定迅速进行产品改良并重新投放市场。

我问负责部门："什么时候能推出改良产品？"他们回答说："需要 6 个月。"我立马意识到："他们这是打算在下一次的新品发布会上重新投放市场。"

按照惯例，小林制药每年春秋两季都会举行新品洽谈会，因此我们会迎合这两个时间段推进新品开发。如果我们能赶在那个时间节点推出改良产品，就可以有效地告知客户以及相关人员。然而，这款产品是已经被顾客使用了 20 多年的长寿产品，考虑到这些用户，我认为我们不能以公司是否方便来决定何时再次投放市场。

"从 6 月开始垃圾的味道就越来越明显了，难道我们不能想办法在那之前投放市场吗？"

"知道了，我们会尽力，生产这一块总能想到办法的。"

"我觉得我们不能只顾小林制药的方便，不能只顾我们自己的方便，或者因为我们自己的原因来推进工作，我们需要设身处地地为一直使用我们产品的顾客着想。另外，我们还需要考虑到在这 6 个月里，我们的顾客有可能会被其他公司的竞争产品抢走。"

试想，如果你是经常使用这款产品的顾客，当你注意到店里不卖这款产品了，你肯定会问店员："垃圾爽花蕾怎么了？"

"它被召回了，但听说要出改良产品。"

"大概什么时候？"

"大概还需要半年吧。"

如果顾客知道他们要等这么久肯定会很失望。这时优秀的店员可能会向顾客推荐其他公司具有类似效果的产品。当你联想到这些场景，你就应该有一种必须要尽快完成产品改良并将其推向市场的紧迫感。

这款产品后来也成功地在指定时间内尽早地重新投入了市场，不过这件事情既给了我们一个机会再次确认"产品服务于谁"的准则，也成了我们公司未来发展的一次教训。

明明是只要想做就可以尽快做到的事情，却没有考虑正在等待的客户，而是按照自己部门或者公司的节奏来安排上市。一定要杜绝这种事情在小林制药发生。

第 3 章

新品开发是重中之重

1. 新品开发就是生命

瞄准利基市场

发现新市场，并成为新市场的先行者，以此捕获"大鱼"。

我们公司的"小池塘里的大鱼"战略在第二个创业阶段萌芽并逐渐开花结果，自1976年我任社长以来，我们的新品开发越来越活跃，创造了大量的热销产品，除了上述的Sarasaty、冰宝贴，牙缝清洁用具牙线棒、咽喉杀菌消毒药诺特露喷剂等都是代表。

牙线棒其实就是专为日本人设计的牙线。在此之前，牙缝清洁一般是通过把一种叫作牙线的细线放进牙缝然后拿着线的两端咯吱咯吱摩擦来完成的。不过由于牙线起源于欧美，日本人用着不是太习惯，因此我们就在握柄的末端装上了线，设计成可以以使用牙签的方式来清洁牙缝的牙线棒。就这样，我们将来自欧美的牙线和日本的牙签结合在一起，开发了适合日本人的牙缝清洁工具。

诺特露喷剂也是一款全新产品，它不同于润喉糖或含片，是以喷雾的方式直接向患处给药的喉咙痛喷剂。

上述例子其实都是同一个方法在奏效，那就是我们首先找到一个极小的"池塘"，并率先放下渔线去垂钓大鱼。

通过这种"小池塘里的大鱼"战略，还可以避免与大型制造商的竞争。

人们每天使用的牙膏和洗涤剂这两个极其庞大的市场，大型制造商早已经进入其中并占据了巨大份额。除非可以创造出能够带来颠覆性创新的产品并成功投放市场，否则新加入者根本没有机会亮相。

假设市场规模是每年100亿日元，不论我们怎么努力，最多也只能抢到5%的市场份额，即大约5亿日元的销售额。而且在与大型企业的竞争中，广告费用和促销费用等营销成本会增加，一旦陷入价格战，不难想象利润率会越来越低。

相反，如果我们能在一个每年10亿日元左右的利基市场中获得50%的市场份额，即使同样是5亿日元的销售额，但所需成本却会大大降低。

基于这样的营销策略，我们将毛利率作为一个非常重要的判断指标。我们会尽量避免开发预期毛利率较低的新产品，这和"小池塘里的大鱼"战略带来的效果也是一致的。增收固然重要，但依靠以增利为重心的经营体制才使小林制药得以成长壮大到如今。

为了保证高毛利率的新品开发，需要设置一定的数字门槛，如果达不到一定数值就要做好放弃的心理准备。

抛开成本问题谈新品开发是不可能的，这是我们公司尽人皆知的常识。我们将生产部门以独立公司或组织的形式设在各地，也是在努力实现经营相关数据的可视化管理并持续提高利润率，从而让每家公司都能盈利。我们经常观察机器的生产效率，研究如何才能让那些不赚钱的机器变成印钞机。既然进行了设备投资，我们当然希望它能长期运转。

从营销策略来看，工厂的生产能力和效率也是值得重视的。我每次走进工厂都会不断抛出我的课题，并且告诉员工："工厂的损失就是小林制药的损失。"

不断推出大量新产品，其实也意味着风险会不断增加。尽管如此，我还是特别注重新品对销售额的贡献率，并且始终坚持这一价值标准，这样的做法也是为了让全体员工深刻意识到"新品开发才是小林制药的生命"。

我们要打造由全体员工共同构建创造新品的节奏，同时形成"小林制药是一家以新品开发决胜负的公司"的企业文化。我恳切希望小林制药能够培养出"大家共同思考新品的创意、一起参与生产乃至销售"的文化，并形成一种其乐融融的氛围。

每年春秋两季，我们会举办新品洽谈会并邀请5000名左右的客户参加。

每一次，客户对我们的新产品都有比之前更高的期待。为了不辜负他们的期待，"绝对要赶在洽谈会之前完成新品开发"的使命感会让我们既兴奋又紧张，但同时也会变成强大的动力，促进全体员工的成长。

"纸上得来终觉浅"，自担任社长以来，我花费了近20年时间，才让全公司将包含"小池塘里的大鱼"战略在内的整个营销战略消化吸收。

回想起来，自那之后我的经营管理生涯也是跌宕起伏、峰谷频现。在这段漫长的旅途中学到的一些经营诀窍和关键，我将在后文中慢慢道来。

"并行开发"机制

顾客的"愿望"每时每刻都在发生变化，没人能保证他们今天的"愿望"到明天还是一样。

毫无疑问，对企业的成长而言，不断提高商品化的规划速度是必不可少的。

我们把"绝对要赶在每年的两次新品洽谈会前完成新品开发"的目标作为全公司的首要任务，并为实现这一目标不断进行组织变革。

首先形成一个概念，接着在此基础上制订计划，然后进行研发并制作出试制品，完成质量检查之后，进入生产准备环节，然后进行销售测试……

如果像这样，在完成一个部门的工作后才开始下一个部门的工作，就会难以赶上最后期限，更不用说做到始终领先于竞争对手并将产品推向市场了。当然，我们也不会降低品质推出无法体现小林风格的产品。

在这样的必要性和危机感的驱使下，我们公司创建了如下图所示的"并行开发"机制。

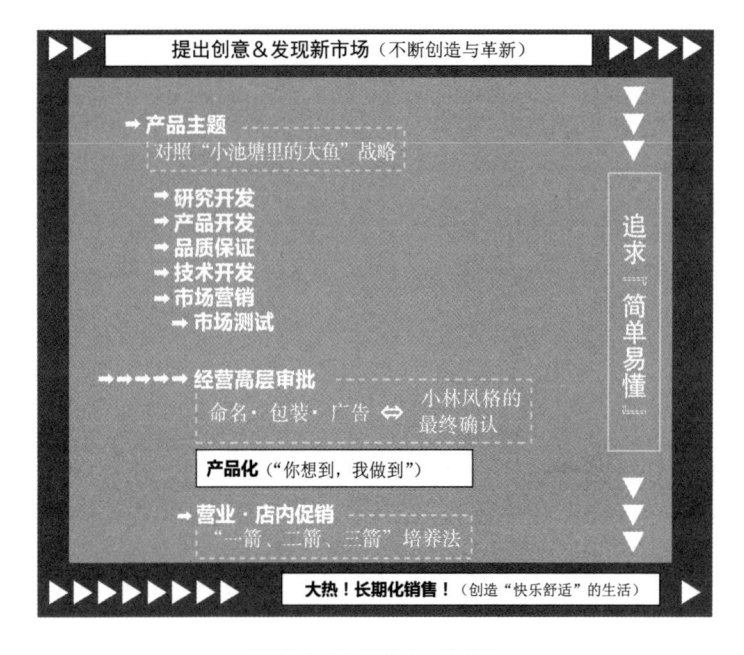

```
提出创意＆发现新市场（不断创造与革新）

→产品主题
  对照"小池塘里的大鱼"战略

→研究开发
→产品开发
→品质保证                           追
→技术开发                           求
→市场营销                           简
  →市场测试                         单
                                   易
→→→→→经营高层审批                   懂
  命名・包装・广告 ⇔ 小林风格的
                    最终确认

产品化（"你想到，我做到"）

→营业・店内促销
  "一箭、二箭、三箭"培养法

大热！长期化销售！（创造"快乐舒适"的生活）
```

"你想到，我做到"的探究机制

任何一位经营学者都知道，松下幸之助先生曾在松下电器的草创期开了日本国内"事业部制"的先河。对松下先生来说，事业部制的创立，不仅是为了各事业部的负责人，更是为了让每位员工都能人尽其才、各得其所。

那个时期，如果要选择一个公司最佳组织机制来"做该做的事情"，那么松下的事业部制应该就是当时最先进的经营机制。经营学中常说"组织服从战略"，而我认为这种战略来源于经营者的意图、愿望和理念。

如上图所示，小林制药的并行开发机制最重要的作用就是实现公司的企业理念和目标以及基于它们的组织战略。

为了赶上新品洽谈会，我们将市场营销部门、研究部门和技术开发部门进行整合，对涉及的产品概念进行共享。像这样始终保持并行、灵活换位思考、同步推进产品开发和生产准备的组织机制，就是为了实现"你想到，我做到"。

顺便提一下，在决定全国范围内大规模发售之前，我们公司不会增加新的生产设备。我们会充分利用现有设备，有时也会通过在自有工厂内进行手工作业来实现快速的小批量生产，然后在市场上进行试销。如果试销效果不理想，就会放弃扩大生产。只有在取得良好的试销结果并决定扩大销售之后，我们才会进行新的设备投资，并进一步配置公司的人力和资本以锁定利润。

因此即便产品已经投放市场，但如果还在试销期间，仍然算是处于开发投资阶段。

如果在这个"投资"的中途阶段停产会产生成本消耗，其中包括前期花费的大量时间、各个部门的人力成本等。不过我们认为这些不是单纯的浪费，而是为了创造出用户想要的产品所花费的必要经费。

那些只知道看着资产负债表担心成本增加的公司，是没有办法做好新品开发的。只有直面风险、毫不畏惧地不断发起挑战，才能激发员工的潜能，培养出战胜竞争公司的"小林力量"。

这是我和我的员工们一起实际体验过的真谛。

"做一点，卖一点，再多做一点"的思考方式

接下来，稍微谈一谈小批量生产。

我们公司的小批量生产体制往往会直接关系到成本率的高低，但相比一开始就在全国范围内同时发售，我们还是认为这种方式的经营风险会更低。

在我们公司的利基战略中，还必须始终牢记可能存在最糟糕的情况。也就是说，有些利基市场的"小池塘里"，实际上并不存在涵养"大鱼"的条件。

为了抓住顾客时刻变化的需求，让我们的商品能够长期摆在货架上，即便是我觉得"一定能行"的商品，我们也不会从一开始就大量生产，而是会采取先做一点看看情况的策略。如果销售情况良好，我们就会分析其中的原因，然后再多做一点，继续销售，在反复的假设和检验中不断探索，耐心地等待可以大规模销售的契机。

这条从众多成功和失败中提炼而来的基本市场营销思想，在不断传承的过程中逐步形成了我们企业的文化底蕴。为了让员工充分理解它的重要性，我将这一基本思想用简单好记的语言进行了表述，那就是**"做一点，卖一点，再多做一点"**。

像这样小心谨慎地稳步增产，即使到了实际扩大销售的阶段，也能为我们规避库存风险。

在生产方面，即便是起步阶段的小规模生产，我们也会尽最大可能地保证产品的质量水平。

我们会考虑"以哪种方式委托给我们的哪家合作公司进行生产，才能最大限度地降低成本"。正如前文所述，有时最终也会选择在公司内部进行生产。在这一过程中，成本意识会不断得到磨砺和提升。

此后，如果销售势头良好需要进行大规模生产时，我们就会在自有工厂建立生产线并转为内部生产。这就意味着我们从"做一点，卖一点"阶段进入了"再多做一点"阶段。

通过这种方式，我们可以在利用并行开发进行快速生产的前提下尽可能降低成本，即便没有大型企业的资金实力，也能每年推出多款新产品。

另外，我们有时也会根据产量委托多个合作工厂生产同一款产品，这样就能在生产出现问题时分散风险，从而给我们带来安全感。

此外，我们一直十分重视与OEM（贴牌生产）合作公司的关系，即使有的品牌由于成长为长寿品牌而转为内部生产，我们也会尽可能让合作公司继续生产其他品牌或新产品。这是我们公司应尽的社会责任，也是对曾经帮助过我们公司成长的合作公司的感恩与报答。

除了以上提及的各个方面,我们还非常重视将内部生产率保持在一个良好的水平(2020年以品类为基准进行计算,内部生产率约为60%)。

2. 锚定小池塘不放松

在大池塘中用栅栏围出小池塘

我在前文中讲述了小林制药在实现"小池塘里的大鱼"战略过程中建立的商业模式,而在这个营销战略中,最值得关注的就是"小池塘"。

例如牙膏市场,这是花王、狮王和SUNSTAR等知名大型制造商竞相参与、激烈争夺的巨大市场。日本国内的口腔护理市场规模超过2000亿日元,而其中牙膏市场就占据了半壁江山,单从所有顾客每天都要使用的角度来讲,这也是毫无疑问的"大池塘"。

这看似是一个与我们的商业模式没有关联的市场,但我们从2000年就已经开始试销一款名为"生叶"的蕴含植物天然成分的具有"预防牙槽脓漏"功效的牙膏。也就是说,我们在牙膏这个"大池塘"里用栅栏围出了一个叫作"预防牙槽脓漏"的"小池塘",并在那里钓上了一条"大鱼"。

人们对于牙膏有各种各样的需求，譬如预防蛀牙、预防口臭、牙齿美白、预防牙周病等。除功效之外，也有人会通过感官进行选择，比如"这个用着感觉很清爽"，或是"很喜欢这个味道"，等等。

在"生叶"诞生之前，市面上只有用于"预防牙周病"的牙膏，还没有用于"预防牙槽脓漏"的牙膏。我们没有去挑战牙膏的大池塘，而是大胆地锁定了"预防牙槽脓漏"这一小池塘，最终取得了成功。

虽然将其称为"在'大池塘'中用栅栏围出'小池塘'"战略也未尝不可，但若从我们的商业模式有无在其中发挥作用的角度来看，其实它与"小池塘里的大鱼"战略如出一辙，也许称之为"小池塘里的大鱼"战略的进化版或应用版更合适。

和"生叶"一样，我们还有一款叫作"爽息"的口腔护理产品，也是专门针对"大蒜和酒精的气味"这一利基需求而设计的。关于口腔护理产品，其实已经有了一个预防口臭的成熟市场，而我们只不过是在这个市场中用"大蒜和酒精的气味"这一栅栏围出了一个小池塘。

同样，在口罩这个巨大的成熟市场中，我们公司也推出了一款锁定"保湿口罩"的产品——"诺特露保湿口罩"。尽管新冠肺炎这场灾难使口罩市场发生了剧变，但因为在此之前我们就已经在栅栏上竖起了"保湿口罩由小林制药负责"的招牌，从而得到了更多客户的支持。

我们在像这样缩小用途范围的同时，还会不断挑战缩小目标用户范围，其中具有代表性的例子就是"眼宜保"，这是一款在眼药水这个巨大市场中的洗眼液小市场中竞争的产品。

不过，在这之前已经有其他公司在销售洗眼液了，但是并没有得到多少关注，只用于一些儿童游泳用品。因此，眼宜保将使用对象范围缩小到了隐形眼镜用户。

"摘下隐形眼镜后，一定要把眼睛里的脏东西洗掉哦！用眼宜保洗过之后的眼睛清澈舒爽，还能预防眼部疾病。"这是我们对隐形眼镜用户发起的宣传口号，没想到产生了意想不到的效果。另外，有一些成年人会因花粉症或眼干燥症的困扰想要清洗眼睛，眼宜保也因此受到了更多的关注。也就是说，"隐形眼镜用户"这个用栅栏围出来的小池塘，可能比我们想象的更深更大。

并购和业务撤退中的要点

随着小林制药业务规模的扩大，我也开始思考产品品牌和企业品牌之间的平衡。

我们在电视广告中播放"啊！小林制药"的画面，努力让公司的名称更广为人知。不过，现实情况应该是，人们记住的不是小林制药的波乐清，而是波乐清的小林制药、Sarasaty的小林制药、冰宝贴的小林制药。

其实，即便是宝洁和花王这两家最大的日用品公司，也经常是先听到产品名称后才出现公司名称的。可能这是这个行业的一个特点，也许会随着公司的发展而有所改变，我想我们没有必要过分纠结于此。

如下表所示，自2001年以来，我们公司一直致力于收购其他公司和品牌。譬如前文提到的"生命之母A"，我们采取的都是在保留顾客信赖的原有品牌名称的基础上注入小林的血液，此后再进一步扩大销售的模式。实际上，这样的模式也的确行之有效。

我们收购的主要公司和产品品牌（完成100%收购的年份）

Easy Fiber	（1998）
Kimco	（2001）
桐灰化学	（2001）
杜仲茶	（2003）
脚不会冷的神奇袜子	（2005）
生命之母A	（2005）
芦荟制药	（2006）
Heatmax（美国）	（2006）
Bislat Gold	（2008）
Grabber（美国）	（2012）
六阳制药	（2013）
JUJU化妆品	（2013）

此外，我们也在推进自己公司内部业务的转让，关于这一点我将会在本书的第二部分谈到。小林制药分别于2008年、2013年完成了批发业务与医疗器械业务的转让。这

些经历让我明白,要实现并购的成功,需要注意以下六个要点。

(1)应限定在与本公司产品具有协同效应的业务领域。
(2)即使是盈利业务,如果不符合公司的未来愿景也应该转让。
(3)应尽量减少公司高层领导不熟悉的业务。
(4)即使是亏损业务,如果能够利用公司自身优势使其重整旗鼓也应该并购。
(5)应在并购之前做出高层人才的选派决定。
(6)并购与否应该根据它的成长潜力来判断。

基于以上观点,我认为看清企业是否符合我们擅长的商业模式之后再进行并购,是决定成败的关键。

换句话说,小林制药就是以是否符合"小池塘里的大鱼"(或者说是"在'大池塘'中用栅栏围出'小池塘'")战略作为并购的判断标准。

小林制药在2013年并购的六阳制药是一家生产和销售

化妆品、医药品以及非医药用品等产品的公司，他们生产的擦拭化妆水"安黛抹肌"对预防痤疮和改善皮肤粗糙都具有很好的效果，一直广受欢迎。护肤品行业也是有众多厂商争相加入的巨大市场，但通过明确设置"预防痤疮和改善皮肤粗糙"的"栅栏"就可以提高销量。

第二部分
组织·人才管理

第 4 章　　　　　　建立创意机制
第 5 章　　　　　　营造良好的公司风气
第 6 章　　　　　　坚持全员经营

第 4 章
建立创意机制

1. 从创业期吸取的教训

草创期产品的增长困境

小林制药的营销策略是从我进入公司到成为社长期间的大约十年中逐步建立起来的，关于这一点我在本书的第一部分已经提到。接下来我想再谈一谈，小林制药自创业以来的经历对公司早期发展产生的重要影响。

小林制药的前身，是创始于1886年的"小林·盛大堂"，当时主营杂货、化妆品以及洋酒。不久之后，面向药房、药店批发销售家用医药产品等的批发业务逐渐成了主业，直至二战之后的1948年，我的父亲小林三郎成为社长。1956年，公司搬迁至现在公司总部所在的大阪道修町，才更名为小林制药株式会社。

因父亲早逝，我的母亲映子从1958年开始担任社长，基于这一点，或许也可以将那之后直至20世纪60年代中期的这段时间与"创业（草创）期"区分开来。

虽然我们的主要业务是医药产品批发，但我们也生产自己的医药产品,例如"田虫酊剂"和"Hakkiri"。

　　田虫酊剂是一种自1894年以来一直在销售的用于治疗脚气、脚癣的涂抹药剂。Hakkiri是一款发售于1939年的头痛药。治疗脚气、脚癣的药物和头痛药的市场规模很大,但无论是田虫酊剂还是Hakkiri的市场份额都很小。小林制药的发展历史告诉我们,想要在老字号或大企业占据主导地位的市场中提高市场份额是多么困难的一件事。

　　此外,医药产品这一品类的新品开发和销售拥有很高的壁垒,自不用说需要高度的专业技术知识,还需要取得厚生劳动省的许可才能进行销售,所需投资更甚于卫生日用品开发。

　　面对可谓祖业的医药产品的生产和销售业务停滞不前的状况,为了公司的发展,父亲和我便考虑将重点转移到卫生日用品的研发上,这也是顺理成章的事情。

了解历史,从过往中学习

　　我所说的从过去和历史中学习,未必都是成功的经验,而是从失败和苦战的经历中得到启发,我认为这也是一种学习方式。如果以这个角度重新审视小林制药的发展历史,则大致可以将小林制药创业期以后的时代分为三个时期。

从20世纪60年代后期到90年代初期,公司逐渐朝向序章中所描述的方向转型,这1/4个世纪或许可以称为"第二次创业·飞跃期"。

在"轰轰烈烈地冲啊冲啊"的经济高速增长的时代背景下,公司的活力也受到了直接影响,当时的情形给人一种任何产品上市都能热销的感觉。

1976年我担任社长之后,开始针对日用卫生用品的利基市场进行新品开发,伴随着业务规模的不断扩大,这样的新品开发在公司内部的存在价值也日益提高。

波乐清,如今已经是马桶清洁剂的代名词。但在草创期,我们为了让开发方案获得公司内部审议的通过都需要大费周折,现在想来真有种恍若隔世的感觉。

我深切地体会到,如果我们想要在第二次创业期更进一步,那么公司的经营本身就需要更上一层楼。在此之前,我曾为自己作为家族经营的领头人率先垂范带领员工将公司的事业发展壮大而感到骄傲，但也逐渐开始意识到一己之力始终有限。

另一方面，随着公司规模的逐年扩大、员工人数的不断增加，员工们似乎也因为我们的家族经营方式开始担忧公司的将来。

员工们的这种危机感和不安情绪在1990年年初直接冲撞到了我身上。现在回想起来，当时的那个大事件成了决定公司下一个发展方向的转折点与里程碑。自那以后，考虑到所有员工的利益，小林制药开始由家族经营转向服务于全体员工的全员管理经营模式。

从那时起直到2005年前后，小林制药步入了"成长·扩张期"。以1999年在大阪证券交易所第二部上市为开端，小林制药走上了由员工共同参与的全员管理经营模式的道路并取得了长足发展。然而所谓的经营，其实质就是在反复的动荡与剧变中不断发展的过程。其实，这个时期我们也有过很大的失败，但每一次我们都是凭借着全体员工的共同努力得以重振业绩。可以说，这一时期也是小林制药积累经验、增强实力的时期。

我们在与美国布洛克医药公司的合作经营业务中惨遭失败，又因涉足医疗设备这一"缺乏知识和经验的行业"而痛遭打击，还经历了违反《景品表示法》这样不该发生的失败（参见第 8 章）。

其后的大约 15 年，可以算是我们公司的"再成长期"。在企业环境前所未有地每天发生变化的时代，我们在新社长的领导下打出了国际第一的旗号，通过获取新市场来谋求公司的可持续发展，迎接未知的挑战。

公司与人都有成长过程

我认为公司也像人一样，会在经历飞跃和困难时期之后逐渐成长起来。

如前所述，小林制药在经历了"创业·草创期"和"第二次创业·飞跃期"之后，步入了"成长·扩张期"，目前正处于"再成长期"（参见下表）。

现在回想起来，小林制药在第二次创业期之初还只是一家医药产品批发公司，而今却作为一家制造商为人们所知

小林制药的变迁与历代社长

再成长期	成长·扩张期	第二次创业·飞跃期	草创期		创业期	
2013年 小林章浩 社长	2004年 小林丰 社长	1976年 小林一雅 社长	1958年 小林映子 社长	1948年 小林三郎 社长	1919年 小林吉太郎 初代社长	1886年 小林忠兵卫 创业

晓并在业内享有盛誉,即使从这一点来讲,每年推出 30 款新产品的挑战似乎也有了价值。这个目标在医疗产品和卫生日用品行业应该是前所未有的,但我们不惧风险、不断挑战,最终为今天的小林制药奠定了基础。同时,构成小林制药风气和企业文化的一些"隐性认知"也在这个时期逐渐成形。

满足用户期待，顺应时代潮流

我们的新产品能受到人们和社会的期待，这让我深感荣幸。

每年春秋两季举行的新品洽谈会总是挤满了前来参会的客户，大家都在期待这次会发布什么样的新品。毫无疑问，这份期待已经成为我和公司全体员工在日常工作中的动力源泉。

自创业期以来，我的父母一直将批发作为公司的主营业务。

不过，这种经营态势在我担任社长之后逐渐得到改变。现在回想起来其中的主要原因，还是因为公司在我的带领之下成功地"提高了利润，并创造了品牌"。1975 年爽花蕾发售之后大获成功，次年我从常务副社长升任为第四代社长。从那时起，我们接连开发并培育了安美露、波乐清和爽花蕾品牌的一系列衍生产品，并不断推进新品牌的开发。

我所描绘的公司的发展轨迹，换言之，就是医药产品制造商推出卫生日用品这件事情的价值在小林制药内部得到认可的原因，我认为正是爽花蕾的热卖带来的"说服力"。而如果只是靠"家族继承人"的身份来掌舵，那么公司可能早已出现问题。

在公司的第二次创业期，为了不断增加可以钓到"大鱼"的"小池塘"，我竭尽所能地拼命工作，几乎让自己变成了工作狂。

在卫生日用品的"小池塘"中竞争的品牌，即使是大受欢迎且长期保持稳定销售额的品牌，大部分的年销售额也只有几十亿日元，其中不乏 5 亿日元以下的商品，倘若是新品，甚至还有 1 亿~3 亿日元的产品。但是，小林制药把命运都押在了无论如何都要增加这些"小池塘"上。

不过，即使是在"只要上市就能热销"的时代，也不是所有产品都能成为热销产品。假设我们推出 10 款产品，就务必要让其中的两三款热销，其余的做不到热销也要尽可能提升其销量，如果销量也没法保证的话，就只能将其处理掉。我现在一直努力做的就是提高我们热销产品的"安打率"。

当时的时代背景、社会环境以及伴随而来的人们的思想意识与现在都不一样。那时正处于经济高速增长时期，普通家庭的日常生活水平不断提高，人口也不断增长，所以在生活中对于频繁使用的医药产品和卫生日用品的需求也就必然会提高。

在生活水平向欧美看齐的社会环境之下，日本企业充分享受到了经济发展带来的红利，所以我认为我们的战略与当时的时代背景是相吻合的。反过来说，这也提示我们现在的公司，只有顺应时代潮流，企业才能发展壮大。

2.成长期实现业务转型

在企业的成长过程中,我们要把经营的重心放在哪里?无论是前进,还是撤退,抑或是改变路线,都需要管理者做出抉择并调整重心。如果没有"责任全在我"的觉悟,则无法胜任管理者。我认为这就是经营的常道。

作为祖业的批发部门要怎么办?能否让这项利润率低的业务继续存续下去?可是,无法盈利也就意味着无法履行社会责任,更别说让员工们幸福了。

当时我们采取的改进方案是,将批发部门作为子公司独立出来与其他公司进行合并,通过扩大规模来提升企业价值。然而,当小林制药整个公司的年销售额逼近3000亿日元时,批发业务就找不到新的合并对象了。

那时,从我们公司分离出来的批发公司KOBASHO于2005年整合了医药产品批发巨头铃谦的非处方药批发部门,成了一家合营公司,其中小林制药出资大约75%,铃谦出资20%。

这次我们采用了引进大型贸易公司资本的办法。也就是说，小林制药只保留大约 30%~40% 的股份而把主导权转让给对方，然后从批发部门撤出一部分精力。不过，我们也可以预见到，即使我们把过半股份交给了贸易公司，对于贸易公司而言也很难承担起医药产品批发这一特殊行业的工作。因此，为了经营的存续，最终小林制药不得不深入参与其中，但是，那样的话也就失去了转让的意义。

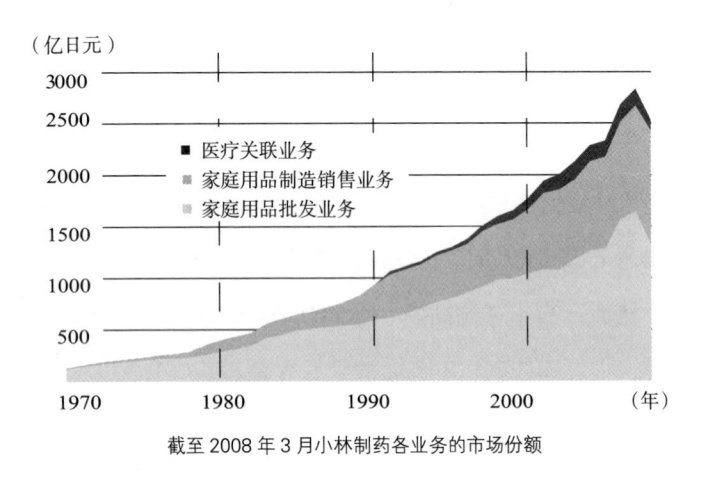

（亿日元）

■ 医疗关联业务
■ 家庭用品制造销售业务
■ 家庭用品批发业务

截至 2008 年 3 月小林制药各业务的市场份额

因此，为了让我们公司从医药产品批发的框架中实现飞跃，并朝着综合批发的方向发展，我们改变了路线，选择了将 KOBASHO 转让给麦迪西帕塔控股公司（现为美迪发路控股公司），该公司旗下拥有经营日用杂货的批发巨头百陆达（现PALTAC，下称"百陆达"）等品牌。

出售KOBASHO这家销售规模约1800亿日元的批发公司，无论是从经营层面还是从历史沿革来看，对小林制药来说都会产生很大的冲击，毫无疑问这是一个非常重要的决定。

另外，我感觉我们当时的状况就是九成精力投在了制造部门，剩余的一成精力投在了批发部门。

公司的董事们其实也是按照制造部门七八成，批发部门两三成的比例来分配精力的。之所以这样分配，是因为制造商和批发商的理念完全不同。另外，从实际情况来看，也是时候告别批发业转而专注于制造业了。

选择并专注于制造业

我也强烈感觉到我们有必要通过专注制造业，向外界表明小林制药的决心。

之所以这样说，是因为随着制造部门的发展，我经常被人问起"小林制药是批发商还是制造商"。

当时的一些经历，其实我不太愿意去回忆。那时，当我作为批发商的社长去见客户的时候，就曾经被大型制造商的人嫌弃过。不过，那也是再正常不过的事情了。既然你同时戴着批发商和制造商这两顶"帽子"，那么对于其他制造商来说，你既是它们的竞争对手，又是它们的客户。

不仅如此，随着小林制药作为制造商的规模日益壮大，从公司分离出来的批发子公司与作为公司客户的其他制造商的关系也日渐紧张。

于是我们决定专注于只做制造商。我首先向公司的管理层、公司的投资者以及全体员工传达了小林制药的这一决心，在那之后关于情感层面的各种复杂问题也都得到了解决。

2008年1月，我们将KOBASHO转让给了麦迪西帕塔控股公司。其中的复杂情况，我在本书中就省略不谈了，但我深切地感受到，想要改变公司多年来形成的各种关系是一件多么困难的事情。

话虽如此，在我经营生涯最后阶段的这次经历让我确信，只要有强烈的愿望和坚持不懈的毅力,没有什么事情是做不到的。

在与这家批发公司诀别的过程中,我承诺说:"作为创始家族的一员,我将承担全部责任。"我不想否认自己曾经的创始人家族成员的身份是将股份转让给百陆达的决定性因素,但要出售已经持续经营了百年的祖业,恐怕是一个固定拿薪水的社长做不到的选择。

应该如何面对祖业?正确答案不止一个。但对于小林制药来说,我当时的决定最终可以说是奏效了。尽管如此,要证明这一商业选择正确无误,至今仍有很多挑战。

3. 进入再成长期后的新挑战

放眼国际市场

日本社会从今往后人口会越来越少，且不论这是好事还是坏事，日本企业家都需要认真对待。

但另一方面，世界人口却在不断增长，从这个意义上说，市场依然无限宽广。虽然我自认为小林制药一直以来都在致力于海外市场扩张，但我们决心今后将进一步强化这一点，将国际业务发展成为小林制药最大的支柱。

当然，这并不意味着我们轻视日本市场。相反，相比以往它的地位将越来越重要。这是因为未来的日本市场将成为进入国际市场的营销试验田。小林制药向全球扩张的核心战略就是，首先取得在日本市场的成功，再将受日本人欢迎的强势产品推向国际市场。

我们在国外已经取得成功的产品案例包括冰宝贴和安美露，此外暖宝宝也表现良好。今后，我们将致力于将波乐清、生命之母A、诺特露等都打造成受全世界欢迎的品牌。

小林制药提出的所谓"国际第一"的经营方针就包含了这样的意思。

当看到一些包括国外制造商在内的大型卫生日用品制造商的发展动态时，我几乎可以确信我们的选择没有错。

日本市场是世界公认的高难度市场，即便是宝洁也曾陷入过苦战。其中一个原因可能是日本独特的文化和习惯，即人们敏锐的审美意识和对于清洁的细腻追求。所以我会不自觉地想，如果我们能够开发出在这个高难度市场中受欢迎的产品，那么我们就能够在任何市场中找到有效的概念，并开发出与之相适的产品。

宝洁公司一直都受到同行业的尊敬，它已经掌握了将世界各地受欢迎的商品根据各国的文化习惯进行定制和销售的方法。

随着公司的发展和规模的进一步扩大，我们可能也会采用这种方法，但目前，我们会先让它们在国内实现热销，然后再把它们销往国外。我认为，即便在海外进行销售，也要实现热销，这才是成功的常道。

认清时代大势,做时代的盟友

1998年,宝洁公司在日本推出了一款名为"纺必适"的热销产品。"纺必适"(Febreze)这个名称是由英语中的"布料"(Fabric)一词与"微风"(Breeze)一词合成而来的。

看到这款产品的进展状况,我当时的第一反应就是"完了!其实我们应该做的!"。我们明明在芳香除臭剂领域已经拥有了爽花蕾和消臭元这样强大的品牌,但却没有率先开发出能够关联"除菌"这个关键词的产品,这让我后悔莫及。

这可以说是近年来我们在新品开发中的最大失误。因为纺必适通过"除臭·除菌"这一概念,将地毯、绒毯、被褥、马桶和汽车内饰等各种利基市场统统收入了麾下。

既然波乐清的功效已经从"洗净·除臭"进阶到"杀菌",那为什么爽花蕾和消臭元就不能进阶到"杀菌"呢?我们的研发部门应该可以收集到足够的证据来支持该项功效的研发。反过来说就是,我认为波乐清之所以在新冠肺炎疫情暴发之前就在市场上持续受到好评，正是因为我们在研发中提出了"杀菌"的概念。

要读懂时代的潮流绝非易事，所以，我认为只有对变化保持敏锐的嗅觉，对巨浪的存在保持时刻的警觉，时代才会站在我们这边。

至于纺必适，则是时代的潮流推动了它的流行。正如前文提到的Sarasaty品牌一样，小林制药的当务之急就是采取有效措施来对抗纺必适，开辟新的未来。

然而，作为一个常年为新品开发竭尽心力的人，我想强调一个事实，那就是我们生活在一个很难知道自己真正想要什么的时代。

近年来，我们公司的现任社长提出了"一箭、二箭、三箭"培养法方针，但想要让开发后的新产品投入市场之后保持销量稳定，还需要倾注更多心血，付出加倍努力。"只要上市便能热销"的时代已一去不复返了，现在是产品投放市场之后依然需要与顾客或客户反复进行沟通才能稳步提升产品销量的时代。当然，在这个过程当中，我们可能也会得到一些产品的改良信息或新品开发的灵感。

现任社长曾去花王接受过培训，从花王对产品的精心培育中可以感受到它作为一家企业的实力，他们培育产品的姿态非常值得我们学习。

"100-1=0"的智慧

我们公司上市的卫生日用品和非处方药，通常是通过直接与批发商或零售商进行交易之后摆上商店货架供客户挑选和购买的门店销售方式。

除此之外，我们同时也在发展邮购业务。1995年邮购业务刚开始时，销售规模还很小，但我们为此成立了事业部，构建了能使我们的产品直接抵达普通顾客的运行机制，可以说该事业部是我们公司最接近顾客的部门。

我总认为在我们这个行业，顾客一旦开始讨厌你，就再也不会来买你的产品。

所以，我认为东京迪士尼乐园等服务行业所重视的"100-1=0"的理念非常正确，这在任何买卖或生意中都很重要。

顺便提一下，以下是我们后来为邮购业务确定的几个主要目标和努力方向：

（1）有了新品创意，可立即进行小成本测试。
（2）作为与门店销售不同的销售方式，它有很多值得学习的地方。
（3）门店销售和邮购销售双管齐下，是获得新的营销策略的源泉。
（4）门店销售和邮购销售同时进行会形成新品开发能力的竞争，从而得到更优方案。

如果问题的难度超过了小林制药迄今为止培养和积累的营销诀窍，我们要如何去克服、处理？从这个意义上说，我期待其中的第 2 点能为积累这方面的经验发挥积极作用。

数字化转型

外界对小林制药的兴趣似乎集中在新品开发和市场能

力上，但对我来说，我们的营销能力在业内也是首屈一指的。我知道这听起来有点自吹自擂，但事实上在过去的几年里我们已经取得了巨大的进步。其中有不少涉及企业机密的地方不便多谈，简而言之，就是通过积极推动信息技术化和数字化转型，使我们可以明确每个营销人员的目标值。

在我们的营销部门，即使你是新人也需要担负起责任直接投身到营销一线。如何在其所负责的零售店的卖场实现公司产品的销售额和利润的最大化？怎样才能提高这个产品的销量？……通过推进数字化，共享个人能力的关键信息，我们将营销部的每位员工进行"武装"，从而提升公司整体的营销能力。

产品和人一样，是有个性的，其品质和销售方式都有各自的特点。有些产品可以通过优化门店陈列实现销售额的增加，那么这种产品正是营销部员工大显身手的地方。

当然，除此之外也有不做促销活动就能畅销的产品，还有通过不断投放电视广告而奏效的产品。

根据这些产品的特性，最大限度地挖掘产品潜力、展开

第4章　建立创意机制

精准营销，将成为未来业务增长不可或缺的部分。

与此同时，我们也在推进绩效评价体系的改革，以体现我们注重一线和实绩的公司风气。为激励员工努力工作，建立公平的绩效评价体系是不可或缺的。

例如，根据营销部员工所负责的零售商规模和销售能力的大小来评价员工是不公平的。

有着较强销售能力的大型零售连锁店 A 和小规模的地方连锁店 B，我们应该如何评价它们由营销上的努力带来的销售额增长？除了考察销售额，我们还会从不同的角度去衡量营销开展的难度，并将其作为评价对象加以考虑，这样才能使评价尽可能接近公平。另外，在某些情况下，一些在过去被纳入评价范围的活动，在今后也有可能被排除在评价范围之外。

如此一来，在我们不断寻求进步的同时，通过为员工提供支持和进行正确的评价，员工之间为公司共同效力的心灵纽带会更加紧密，原本就很积极的营销部门就会变得越来越强大，从而提高小林制药的各个产品的销量。

不过，小林制药的营销也并非无所不能，我一如既往地希望支持我们的批发公司能够继续作为我们的最佳合作伙伴，帮助我们以低成本实现和以往一样的高效物流。在准确快速地将产品送到门店这件事上，我非常希望各位能够始终成为我们坚强有力的后盾。

第 5 章

营造良好的公司风气

1. 工作面前人人平等

追求真正的平等关系

良好的公司风气是什么？是威权主义、官僚主义、阳奉阴违无法蔓延的氛围，是欣然接受失败、毫不畏惧风险的环境。

理想说起来都很简单，但是千里之行，始于足下。也就是说，如果无法落到实处，那么这些谁都会说的理想就毫无意义。

"什么时候变得这么脏了？"很多人在清理马桶或浴缸的时候应该都有过这样的疑惑。其实，公司组织的"污垢"也是如此，总是在不知不觉中就蔓延开来。

我们这一代人亲睹了巨型国营企业的私有化历程。得益于日本国铁（现在的JR）的私有化，客户确实获得了更好的服务体验。我举这个例子并不是说其中的官僚之风已然不存在了，只不过它是能证明私有化成效的一个简单易懂的例子。

第 5 章　营造良好的公司风气

2010年，JAL（日本航空）宣告破产，我想这大概是日本航空这家半官半民的公司中普遍存在的官僚主义风气造成的影响所致。大阪地铁也在2018年完成了私有化，我们期待它能够消除官僚主义，成为一个高效运转的组织。

像我们这样的制造企业，如果想开发出真正出色的新产品，我认为即使是在会议上，也应该让参会员工之间保持实质上的平等关系。工作面前人人平等，在会议上让双方开诚布公地进行论战，是公司运营者的职责所在。

小林制药从1995年开始使用"先生/女士"的称呼规定，即使我已经80多岁了，我的员工仍然叫我"K先生"——这个"K"不是小林（KOBAYASHI）的K，而是我的名字"一雅"（KAZUMASA）的首字母K，所以现任社长小林章浩就是"A先生"。

即使在客户面前，员工也会说："K先生，你觉得怎么样？"渐渐地，我们广告代理公司的熟人也开始称呼我为"K先生"。

除了这样称呼我们，对公司的其他高层管理人员的称呼也基本上是在其姓氏后面加上"先生/女士"。同样，我们也用"先生/女士"称呼我们的员工。或许是长期以来彼此这样称呼的缘故，20多年后的今天，公司里的每个人都理所当然地用"先生/女士"来相称。启用"先生/女士"的称呼体系就是为了消除威权主义和官僚主义。

在只有下达而没有上传的组织中，封建制的弊端就会蔓延开来。员工必须无条件服从上司，服从与否变成了评价员工好坏的标准。这种风气一旦渗透到公司内部，哪怕只是一点点，也会让公司失去自由的氛围，导致无法实现自由的意见交换。这样乍一看似乎很高效，实则损失得更多，从长远来看会导致公司效率低下。

在落实这些制度的过程中，我注意到一点，就是如果用"先生/女士"来称呼下属，即便当时正在气头上也很难发火。与"喂，山田！""山田君！"相比，"山田先生/女士！"会显得更加温和。有时候上级可能不得不凭借权威严厉指导下级，但是这个时候我们必须要记住：权威是来自周围人对自己的认可，而不是自我赋予的。

因为周围的人都认为"他说得很在理""他很有判断力"，

所以员工才会想"那我们听他的吧"。我觉得理想的上下级关系应该是能够让下属感觉到"在那位上司面前会不自觉地想要挺直腰板"。

不靠组织权威，仅以"先生/女士"互称，依然受员工敬佩，这才称得上是真正的领导者。

重视公开谈论失败的文化

挑战总是伴随着失败。在小林制药，无论是开发部门还是营销部门，一旦出现问题，我们都会立即召集相关人员进行总结，但不会因此责怪出问题的员工。

我们这么做并非全是出于温情，而是因为这样做更加合理。如果我们去责怪当事人的话，他本人可能会找借口或者隐瞒实情，那样就无法弄清楚失败的真正原因。

更重要的是，如果公司的高级管理层能深刻地认识到失败其实也是挑战的一种结果，我们从中可以学到很多东西的话，那么公司就具备了变得更加强大的条件。

我会这么认为是因为我自己也犯过几次大错，所以我认为不要重蹈覆辙才是重中之重。正确理解和把握失败的原因,并将这些信息与全体员工进行共享,通过机制的构建使其成为公司发展的宝贵财富,这是作为经营者应尽的职责。

为此,公司的高级管理人员首先大方地谈论自己的失败、承担自己的责任,应该也会有一定效果。不过如果只是道歉的话意义并不大,比起这些更重要的是要学会思考问题,比如"为什么会失败?""为什么不顺利?""哪里出错了?""是谁出错了?又是怎么出错的?"。总之,我们不是根据报告进行总结然后追究责任,而是要追究失败的原因,以免重蹈覆辙。

如果是家族经营就更应该将这一条贯彻到底并铭记于心,这样才能发挥出家族经营的优势。

另外,还有个词叫作"君子豹变",在今天这个时代,每一位在一线的领导都应该努力随机应变,以保证组织体系始终朝着正确的方向前进。

为此我们需要做的就是对真理和真相保持谦卑。我们会在会议上提出苛刻的意见,但即使我们最终驳回了提案,后面也会再次考虑这个决定是否真的正确。如果员工的提案也不无道理或是两者皆可的情况下，我们就会通过员工的意见。

像这样深入细致的后续跟进要时刻牢记在心。如果领导者能像这样不拘泥于或不执着于过去的判断而转向当下的最优选择，自然而然就会形成一种下属也想把工作做对并努力提出好建议的氛围。

再三地重复同样的错误，是一件愚蠢透顶的事情，为了避免这样的情形出现，我们要珍惜失败。接纳一个人的失败，他就会从失败中获得经验并大胆地迎接下一次挑战。公司的管理层必须努力营造这种风气。

持续投出强力球

当你把球投向墙壁时，你投得越重反弹回来的力道就越强；反之，投得越轻反弹回来的力道就越弱。

在工作中，我一直要求员工持续投出强力球。从新员工到管理层，我会问他们每个人："你有在投强力球吗？"

换句话说，就是要严以律己、精益求精。相反，妥协就可以理解为是在"投弱球"了。

"算了，这次就到此为止吧。"我们要把这种想要放松的心思抛在脑后，全身心地投入工作中去。要说该说的话，做该做的事，即使陷入困境也不轻言放弃，鞭策激励自己，相信自己能行，从不停下前进的脚步。

虽然每一个人都觉得就应该是那样，但是实际去做的时候却很困难。有时无论怎么努力结果都不尽如人意，这时候也要回想一下并问问自己："我真的用力投球了吗？"当你通过这样的方式了解到自己的不足并燃起"下次一定要成功"的斗志时，就会取得丰硕的成果。

当在新品开发会议上发现自己被强大的竞争对手领先一步时，一直在投强力球的人绝对不会轻言放弃。他们会想：是时候将我积蓄至今的实力全部发挥出来了，决不能逃避，要克服自己！

"让他们看看小林的实力吧！你们肯定可以的！"我有好几次看准时机向员工"投"出了这样激励的话语，并最终得到了很好的结果。这样热情洋溢发自内心的表达，会让场上的气氛为之一变，使员工们士气高涨、团结一致。当大家齐心协力"投出强力球"时，就会形成超越强劲对手的速度。

所以我认为"工作就是持续的自我斗争"，也正因为如此，我会不断跟员工强调"持续投出强力球"的重要性。

选择全局最优而非局部最优

作为家族企业的领导者，我一直小心翼翼地避免派系产生。因为一旦形成派系，就会在无益于本职工作的事情上浪费大量的时间。

我经常告诫我的员工："不要把公司变成一个好朋友俱乐部"。员工之间平时相处融洽当然是件好事，但是一旦成为好朋友俱乐部，公司就有可能变得无法做出严肃决策。

再者，从组织运作方面讲，如果因注重"局部最优"而忽视"全局最优"，就会产生各种各样的弊端，可以直截了当地表达意见的公司氛围就会不复存在，认为只要自己好就行、自己的部门好就行的人开始出现，逐渐形成不干涉其他部门，也不希望他人对自己部门插言的氛围。

即使开会，你也不再认为在会议上拿出提案是为了让大家一起改进它、完善它，更不用说真刀真枪地讨论了。

用不了多久，像"言出必行"这样促进业务正常运转的信条就会被忽视。

而这种局部最优与全局最优之间的平衡，在产品开发方面也应该牢记于心。

我之前也提到了，我们已经在波乐清和消臭元等主要品牌下开发了许多衍生产品，每一款产品的开发都是瞄准利基市场的概念进行的个别最优化。

正因为如此，虽然不能说市场上完全不存在同一品牌下的产品自相残杀的现象，但我还是选择了以扩大品牌整体销量为重。

基于这样的战略，通过不断创新，即不断开发有助于提升品牌形象的衍生产品，我们成功使波乐清品牌的功效在"清洗"之外向"芳香除臭"和"杀菌消毒"不断进化，从而实现了品牌的整体扩张。

换句话说,我们用不做好朋友俱乐部、互相严肃交换意见的方式,来开展全局最优的经营管理。我相信,在公司内部进行良性竞争是取得更好成绩的秘诀。

2. 培育员工，发展企业，回馈社会

社长直接表扬员工的"赞赞邮件"

当下属表现出色时，上司的认真表扬会激发下属的积极性。虽然大家都知道这一点，但意外的是在日常工作现场并没有得到很好的落实。

所以，我从1996年起就开始实行"赞赞邮件"制度。

无论多么微小的工作，只要做得出色，就会从事业部长那里收到肯定他们成绩的赞赞邮件；而那些在重要工作中做出重大贡献的员工，则会从社长那里收到表彰他们业绩的赞赞邮件。

例如，我们假定某个营业团队对芳香除臭剂的陈列方式提出了新的建议。那么，当他们负责的那家连锁店的整体销售额大幅度增长时，他们会因为让小林制药的品牌价值得到了提升而收到社长的赞赞邮件。赞赞邮件会直接发送到员工手里，并且邮件内容还会被同步刊登在公司内刊上。

现任社长也延续了这一制度。坚持就是胜利，我觉得我

已经成功地向整个公司灌输了"赞赏"的重要性。

当然,该项制度得以实现的真正原因,是平时工作中管理层之间的汇报和联系。正是由于作为员工直接上司的科长(在小林制药的小组中则为"组长")在平日里认真向上级汇报下属的工作情况,社长和事业部部长才能把握一线的工作情况,才能对那些尤其值得表扬的员工发送赞赞邮件。

收到邮件的员工会切身感受到他们每日的努力得到了高级管理层的认可,同时也会意识到运营现场的组长正在认真地看待自己。他们会明白自己间接地受到了组长的表扬,这也有助于融洽一线的人际关系。

每年收集大约 6 万个创意的提案制度

我为我们公司每年收集大约 6 万个创意的"创意提案制度"感到自豪。这是一个为了收集新产品的创意而设立的提案制度,从普通员工到社长,所有人都会通过它提出一些关于新产品或改善公司现有业务的提案。每人每月至少通过公司内网提交一个创意,这样下来每年就会收集到超过6万个创意。

提案制度自1982年引入以来已经持续了39年,虽然有很多公司也设立了提案制度,但是通常三四年之后好像就不了了之了。

事实上,从提案制度中出来的提案很少会带来新产品的开发。尽管如此,这也让所有员工都看到了公司的决心:"小林制药是一家以新品开发为生命的公司","所有员工都必须参与到新品开发中来"。这种精神让人欣慰,实际上也十分重要。

当然,有时我们也会在提案中看到好的创意,并依据这一线索反复试错,之后进入新品开发阶段。

但相比之下我认为更有价值的是,这一制度会让作为"新产品的公司"的血液不断流向公司的每一个角落,让这个组织里的每一位员工每一个月都在不断思考新产品的创意以及业务改良的方案,大家共同怀着"总有人会在某处大获成功"的心情。

竞争公司也在努力进行产品研发,但即便如此小林制药仍能够脱颖而出，我认为其原因就在于提案制度所培养出来的全体员工在"执念"上的差距。

我们也一直在努力防止制度形式化，为此我们设立了一个事务局来负责跟进提案中的创意，并告知创意的提出者他们的创意是如何被采纳的，或者是获得了怎样的评价。

通过了解自己的提案被如何评价，员工就能理解自己创意中的优缺点，同时也会明白提出什么样的创意才能得到认可，这也会成为员工"想要提出更好提案"的动力。

擦亮创意的"开发参与委员会"

我们还有其他有关创意的制度。比如，每个月有一次由产品开发负责人向社长进行汇报的"创意演示"，平均每场演示大约有 20~30 项创意汇报，这样算下来每年的创意汇报总计大约有 300 项。

"开发参与委员会"会将他们认定的有潜力的创意作为产品开发的主题进行进一步探讨，之后开发团队会实际制作出试制品，并在社长和董事面前进行演示。此次演示展示的不仅仅是他们制作的试制品，还包括产品的名称、包装和概念等所有与市场营销相关的内容。开发团队通过这样的演示要向大家说清楚如何开展本次的产品开发。

除市场调查的结果之外，我们还要每月举行一次为期两天的会议。在这两天的会议当中，我们会通过实物展示的形式对产品的质量、成本以及使用感受等方面进行具体的验证。进行演示的人有时是市场部门的人，有时是研发人员，有时是业务老手，有时也会是刚进公司一两年的新人。

社长和董事会根据演示的情况对产品进行评价，但是如果他们给出的评价不理想，产品开发的负责人就会直接来找社长，执着地跟社长解释他们的产品创意和产品的卓越之处。小林制药一直倡导"工作面前人人平等"，所以即便他是一位新员工，他也可以在社长和董事面前大胆地表达自己的想法。有时候听他们说完我也会说："既然你都说到这个分上了，那我们就再考虑看看吧。"然后将此前评价为不太理想的项目改为继续开发项目。

由于每一次这样的展示会议都是开发团队全员参加，因此每一位团队成员都可以直接知道他们的创意获得了什么样的评价。

另外,我们每年还会举办"全体员工创意大赛",让世界范围内的集团公司员工一起共同交流创意。在小林制药成立周年纪念日(8月22日)这一天,我们会从每个参赛单位给出的新产品创意当中评选出优秀奖。

即使是不参与开发的员工,也要每月提交一项以上的创意提案,并且要参加这一年一度的创意大会。因此,不只是在大赛当天,平时就需要思考创意。

我们公司设立了各种各样的制度和机制来让全体员工时刻保持对创意的思考,通过这些制度和机制,大家可以互相交流创意,时不时开个"小会"进行反复讨论。

我相信,这些机制中的每一条,都会帮助我们形成和保持理想的企业文化。

3. 现场，现场，现场！

即使交由他人负责，也要先去现场考察！

如果想把工作做大，就必须把部分工作交由下属负责。自己一个人的能力是有限的，只有交代出去一些工作自己才有精力开拓新的工作。

在交代工作的时候，我认为最应该重视的，就是负责该项工作的人必须"熟悉现场"。管理者自己做的话当然可以，毕竟也了解现场情况，不过，为了培养下属，还是交给他们试试吧。我认为保持这样的基本态度很重要。

你们有时也会因为一纸调令就突然被派去负责一个自己对现场情况一无所知的部门吧？每当这时我们就要先去现场考察。周围的人都在看自己的上司是否重视现场，因为下属很清楚他们无法从不想了解现场的上司那里得到准确的指示。

松下幸之助有句话叫作"放手不放任"，先有了"不放任"的部分，"放手"才能发挥作用。反过来，我认为下属也要有这样的自知之明,"虽然领导把工作交代给我了,但并不意味着完全托付给我了",从而保持一定的紧张感,争取把工作做得更加出色。

我一直以来都秉持以现场为重的原则。说到市场营销的"现场",应该就是陈列着商品的零售店卖场了吧。去海外出差时,我会不断地在这些地方寻找"好东西",这早已经成了我的习惯。

我也会尽可能亲自到生产现场去,小到"我们是通过何种机器才实现了这样的生产效率"之类的细节,我都会进行深入的了解。

当我们在研究将美国分公司所使用的机器引进日本时,我就曾要求负责人实际去美国看看机器在现场是如何使用的。只有到现场,看到实物,才能了解真实情况。

只有了解现场,才能预测最坏情况

在不了解现场的情况下就做出重大管理决策是一件十分荒唐的事情,因为我们无法假设和想象最坏的情况。

在做大生意时必须时刻记住最坏的情况，并积极主动地做好应对。我们可以认为合同之类的东西就是用于保障这种"最坏"情况的。

对公司来讲最坏的情况、对当前业务来讲最坏的情况、对自己来讲最坏的情况……这些事情一想起来就没完没了。但即便如此，还是要至少好好思考一遍，这应该会在紧急情况下为我们带来一些回旋余地。

当我们预测可能出现的最坏情况时，我们可以假设两三种情况，并针对这种可能性想一想如果真的发生了这些情况该如何应对。而在此时，预测的准确性往往取决于我们对现场的了解程度。

小林制药曾在事前叫停过一款陶器中放入熏香蜡烛的芳香剂产品的销售。因为我们在产品实验中发现，烛芯的灰烬在一定条件下会出现起火的现象。虽然这个概率非常低，但是为了以防万一，我们还是做出了暂缓销售的决定。

即使是那些大家都认为没问题的新品开发，有时候也会因为缺少必要的报告数据而导致产品出现缺陷。

在这种情况下，开发团队中若是有人因为担心最坏的事态发生，在产品已经决定进行发售的情况下，仍然鼓起勇气提出反对意见，认为有必要延迟发售的话，那么，熟悉现场的经营者应该马上就能判断其建议是否妥当，或者马上就知道该让谁去验证并迅速采取行动。

在这样的日积月累中，经营者一定会逐渐培养出能够尊重和感谢那些勇于进言的员工的胸襟和度量。

努力让现场始终"可视化"

已故京瓷创始人兼名誉会长稻盛和夫是我尊敬的经营者之一。稻盛先生是一位有着坚定信念的人，他的名言当中有一句——"我会付出不输于任何人的努力"，对此我深以为然。

稻盛先生的核心经营理念就是广为人知的"阿米巴经营（模式）"。阿米巴经营模式，就是让阿米巴这样的每个小型组织各自独立盈利，再将它们聚集在一起创建一个大型组织。要实现这一模式，就必须实行可视化管理。京瓷的这种经营模式中有很多值得我们学习的地方。

稻盛先生此前曾成功复活了日本航空公司（以下简称日航）。2010年1月，他作为公司CEO（首席执行官）对已经申请适用企业重建法的日航进行了重组，并于2012年9月在东京证券交易所重新上市。

我认为使这场短期内复活的戏码成功上演的关键点有很多，其中让我印象特别深刻的就是他们从每个航班着手进行利润管理，保留能赚钱的航班，停飞不赚钱的航班。市场经营理所当然是为了盈利，但我认为日航就是因为没有做到这些理所当然的事情才一度面临破产。

此外，在公司重建过程中，据说他们将用于飞机维修等方面的消耗品的成本一一做了记录。这种可视化管理就是对员工成本意识的再次深化。

小林制药也一直致力于将工厂的生产现场可视化。我们会检查工厂里每台机器产生了多少利润和产生了多少亏损，并给出相应的数字，然后保留并增加盈利的机器，停掉无法盈利的机器。

对于生产线，我们也会通过每天的成本和产量来得出生产率，然后谋求效率的提升。如果能够了解生产线每小时的生产率，就可以清楚地知道哪里还存在需要改进的方面。

只有使现场不断改进，才能创造出强大的经营模式。

打造以顾客为中心的公司

除了稻盛先生，还有一位我尊敬的经营者，那就是优衣库的柳井正社长。我之前曾在我们公司内刊的特辑中采访过柳井先生，柳井先生的过人之处在于他坚持"想尽办法做到一切以顾客为中心"。

无论是产品架构还是产品开发，优衣库一直在思考应该为顾客做些什么。他们门店的顾客接待也是如此，每位员工都在践行让顾客满意的接待服务。当我去优衣库购物时，有件事让我切身体会到了这一点。

优衣库的所有员工都戴着对讲机耳麦接待顾客，当店内顾客拥挤店员一个人无法应对时，他就会通过耳麦招呼其他店员过来帮忙。

比如站在收银台的店员，忙的时候会增加至三到五个人，否则就只有一个人。当收银台只有一个人时，偶尔会遇到大约五个顾客一起过去排队的情况。

排队的顾客肯定会想："收银台这么多，为什么只开一个？就不能多开一个收银台吗？"这种时候，收银员就会立即通过耳麦呼叫其他店员。

我那天在收银台排队的时候也是如此。当时我是第五个顾客，当收银员看到排队的顾客时，他迅速通过耳麦请求支援。我猜想很可能他们的员工手册上就写着诸如"如果排队顾客超过三人就要增加收银员"之类的内容。

随后收银台便来了一个店员，他的接待也同样给我留下了深刻的印象。只见他招呼排在队伍最前面等候的顾客说："排在前面的顾客先请。"

举个例子，如果排在第五位的我先结账，那么排在前面的人就会不高兴，因为他们知道顾客这样的心理，所以收银台的店员才会说"排在前面的顾客先请"。

因为他们彻底琢磨透了什么是"以顾客为中心"，所以才能做到如此细心。

贴在便利店收银台前的脚印也是同样的道理。顾客沿着脚印贴纸排成一列，从前往后按顺序移动到空闲的收银台。

这样的话，就算是排在移动比较慢的结账队伍的人也不会烦躁地想："为什么结账这么慢？"这也是抓住了顾客心理、以顾客为中心的接待服务。

在经营过程中，现场管理有着举足轻重的影响，为此我们需要学习的知识可谓无穷尽也。

开发的视角也要以顾客为中心

"不让客户等待"是以客户为中心的基本原则之一，在产品开发中，这样的态度同样值得重视。

过去开发爽花蕾时我们最重视的一项内容，就是要使用"吃下去也安全"的成分。

爽花蕾与之前的厕所芳香剂不同，它有一种花香的味道。所以我们担心可能会被小孩子误以为是糖果不小心吃掉，于是我们最终选择只使用那些即便食用后也对身体无害的材料。

在爽花蕾发售时的记者招待会上，让我大吃一惊的是，负责该产品的专务竟然真的当场吃给大家看，给大家打了个"爽花蕾很安心"的包票。

当时爽花蕾的价格是380日元一个,这个价格并非所有的顾客都觉得它"不贵"。

这款产品有着一旦上市就大受欢迎并占据最高市场份额的创意和产品力,如果价格还能让人觉得"物有所值",我想顾客就一定会来购买。但与此同时,我们也考虑到那些觉得爽花蕾"很贵"的顾客,于是我们又开发了260日元一个的替换装。

我希望我们公司会有越来越多像这样能够体现"以顾客为中心"理念的市场营销案例。

第 6 章

坚持全员经营

1. 企业最重要的是员工

以健康经营守护员工

公司的经营关联着员工、客户、股东和机构投资者等众多人的利益，毫无疑问这些利益攸关方对公司都非常重要。

但是，如果有人问这些利益攸关方当中最重要的是谁，我会毫不犹豫地回答"是员工"。我的这一想法在我们公司上市之前就已经坚定，至今都未动摇过。

或许有些经营者会回答"客户至上"，我想这也是正确的答案。不过，生产出满足顾客需求的产品并在市场进行销售是我们经营的大前提，而在一线为我们实现这一大前提的是我们的员工，所以尽管股东、机构投资者和顾客也非常重要，但对我来说最重要的依然是员工。

近年来，我们公司在"健康经营"上投入了大量的精力。如果员工没有健康的身体、没有良好的工作状态，就不可能把工作做好。当然，员工家属的健康也非常重要，家人要是不健康，员工同样无法专心工作。

因此，从2019年3月开始，小林制药强烈建议35岁以上的员工以及他们所抚养的家属每年接受一次短期住院体检。直到现在，我们都会通过定期检查，督促员工积极进行生活习惯调整以及疾病的早期诊疗等。为进一步推进这一机制，我们决定为此前一直在接受生活习惯疾病诊断检查的35岁以上的员工及其家属提供当日往返的免费体检。

2020年，新冠肺炎疫情的蔓延导致了日本全国口罩短缺，当时口罩卖得飞快。但即便是在日本几乎买不到口罩的时候，我们也为小林制药的所有员工提供了口罩。我们之所以这么做也是因为我们认为只有员工健康，顾客才能最终受益；只有让员工在健康的状态下制造产品、批发货物，商品才能顺利地抵达门店摆上货架。我所考量的是，我们自己要先采取妥善的感染应对措施，才能为客户提供良好的服务，所以我会选择将我们的员工摆在优先位置。

"有了员工才有公司""有了员工才有业绩""有了员工才有社会贡献"的理念已经在小林制药牢牢扎根。

这也是作为第二任社长的父亲对我的教诲。在他担任社长期间，小林制药还是一家非常典型的家族经营模式的公司。而我正好是在家族与公司融为一体的环境中看着父亲与老员工们工作的身影长大的。

重视员工，既是继承父亲的遗志，也是我经营理念的核心要义。

与员工现场对话的"LA & LA"

"LA & LA"是我一直以来十分重视的一项机制，通过它可以向员工传达小林制药的理念以及经营者的思想。

"LA & LA"是"Looking Around & Listening Around"（到处看看，到处听听）的缩写，指的是以我为主对各部门进行访问，与一线员工进行直接对话。

我会召集大约20名在一线工作的员工，花一个半小时来听他们讲话以及传达我的想法。有时候是我主动要求他们："请把刚进公司三年左右的新员工召集过来。"有时候是一线工作人员主动跟我说："这次我们会召集30多岁的员工过来。"

我们大约每个月会做一次这样的访问，每次20人，一年12个月，算下来就意味着我们每年会以这种方式接触到大约240名员工。

LA&LA的优点是能让你获得只有在一线才能注意到的信息。无论是在北海道、九州还是东京，我都会到一线与员工进行对话。这样做不单可以接触到实际的工作环境，同时也可以亲身体察到一线工作是否存在问题，进行有针对性的交谈。LA&LA是我与员工进行"投接球"的场地，只有我亲临现场才能发挥它的作用。

员工们提出的意见多而杂乱，但因为这些意见都是立足于现场的想法，有时也会让我有种茅塞顿开的感觉。其中有些员工指出了非常重要的问题，对于那些我认为"务必要重视"的问题，我会花时间向他们详细解释我们公司的理念。

我们公司是在1996年开始实行LA&LA制度的，但它当时的定位是作为一个用于传达我的想法的平台，由我单方面发言，偶尔听取一些意见。而现在正好相反，我会先听取他们的意见，再对此表达自己的想法。我觉得相比之前，像这样针对一个疑问我用 5~10 分钟来谈一谈自己想法的方式，员工应该更容易领会，理解也会更深入。

我认为在紧张的氛围中进行教育很重要。因为缺乏紧张感的集体培训往往容易出现这样的情况，就是负责进行人事教育的老师觉得自己已经完成了工作，但是员工却什么也没有学到，什么也没有记住。

现场的员工不仅需要听我的发言，有时还需要听取同事的意见来考量他们的定位，这也与由上级单方面发言的培训方式大相径庭。

虽然 LA&LA 的对话时间只有一个半小时，但由于我与员工们都十分专注，信息密度非常高，以至于对话结束之后我们往往感到特别疲惫。

要授予员工股票期权

此外，小林制药从 2003 年开始向员工授予股票期权，这是我们"重视员工的经营方针"中的一环。小林制药于 1999 年在大阪证券交易所二部上市，次年又在东京证券交易所一部和大阪证券交易所一部上市，在上市四年之后的2003年，我们开始向员工授予股票期权。

股票期权是一种可以在规定的期限内按照公司预先确定的价格购买自己公司股票的权利。例如，假设公司授予你在未来五年内按照2000日元的价格购买小林制药股票的权利，即使五年之后小林制药的股票价格涨到了3000日元，你还是可以按照2000日元的价格购买。

也就是说，如果你以2000日元买入200股然后再卖出，你将从这笔交易中获得20万日元的差额利润。如果你选择不出售而是继续持有直到股价上涨到4000日元、5000日元，那么你在出售时将会获得更高的利润。也就是说，随着公司的发展，你能获取的利润也会越来越高。

股票期权是一种常见于风险投资企业的激励机制。虽然早年间成立的公司，有时也会给董事或者事业部部长级别的员工授予股票期权，但是像我们公司这样的非风险投资企业向全体员工授予股票期权的情况却极为罕见。从公司完成上市开始，我就决定向员工授予股票期权。于是，我向董事会阐明了面向全体员工授予股票期权的意义，并得到了他们的赞同。从 2003 年至今，我们已经面向所有员工授予了三次股票期权。

如果只是给员工发工资，那么他们并不能从公司的发展中获益，即便是涨薪或者增加奖金，也不会像股票价格的变动那样产生直观的联动效应。

大家共同努力推出新产品—产品获得热销—公司得到发展，我认为根据这些成果进行利益分配是回报员工辛勤工作的最直观的方式。

"因为这款产品大受欢迎，所以股票价格上涨了这么多。好在可以通过股票期权按三年前的低价买入，才能获得这么高的收益。"通过股票价格可以直观感受到公司的发展，而这又将会作为自己的报酬返还回来。这是一种大家共同努力拼搏、共同享受成果的机制。

回报员工贡献的方法有很多，但对于已经完成上市的小林制药来说，我认为最好的方法就是面向全体员工授予股票期权。

2.重视过去和未来

与老员工保持交流

如前所述，我父亲执掌时的小林制药实行的是家族式经营，序章中提到的爽花蕾奖金，似乎也部分说明了这一点。

我们希望公司和员工能融为一体，像一个大家族一样运营下去。或者说我们的目标不是家族式经营，而是以家族经营思想为基础的全员经营模式，这样说可能会更容易理解。

由小林制药到龄退休的老员工组成的社友会"青鸟俱乐部"也表明，家族式经营的思想至今仍在继续发挥作用。

青鸟俱乐部仅在大阪就有200多名会员，他们每年都会举行聚会重温旧情。小林制药承担了他们的部分聚会费用，我自己也会大约每两年参加一次聚会，向他们报告小林制药的现状。

小林制药之所以能有今天的成就，正是他们多年来努力的结果。所以，我总是怀着慰劳他们的心情，向他们报告小林的现状。

聚会的时候，有时也会收到诸如"要不要做个这样的产品"之类的创意或者是关于股东大会的建议，因为青鸟俱乐部里有一些曾经长期在小林制药的批发部门工作的人。我之前也提到过，小林制药最初是一家医药产品批发商，但在2008年转型制造业。

在我父亲那一代，公司的批发业务占了90%以上，因此很多员工都对批发业务有着很深的感情，所以当时转让批发业务也是一个痛苦的决定。在做出这个决定时，我们询问了当时批发业务中每一位员工的意愿，想方设法安抚他们的情绪，其中也包括金钱方面的抚慰。

当我在青鸟俱乐部再次见到他们时，实在是感慨万千。

干部候选人培养制度"K营学院"

相对于与一线各级员工进行对话的LA&LA制度，我们还有一项人才培养制度，就是把未来可能肩负小林制药经营重任的干部候选人聚在一起进行培训，我们把它叫作"K

营学院"。这个学院由被员工们称为"K先生"的我来担任讲师，干部候选人会在这里学习公司经营所需的能力。

在 K 营学院教学

曾经是医药产品批发商的小林制药，通过"小池塘里的大鱼"战略成长为中坚制造商。最初确实只是个"小池塘"，但随着各种创意的涌现，这个"小池塘"也一点点变大，如今已经变成了能够钓到很多"大鱼"的小池塘了。

小林制药的这些"成功方程式"，我从来都是一有机会就会传授给我的员工们，而K营学院就是我进行集中传授的场合。自从我担任社长以来，大概是从2005年开始，我们就面向干部候选人启动了K营学院。

K营学院每年会从各事业部挑选出一两名主要为40多岁的员工作为干部候选人，对其进行全面的教育。我们会按照大约每两月一次的频率，一年举办五次，每次集中学习8小时，对他们进行共计40小时的培训。

讲座的第一节课和第五节课，都是最开始的两个小时用来讲述我的经营理念，剩下的6个小时用于集体讨论。我会先借用小林制药过去的案例来传达我的想法，在此基础之上让学员们进行集体讨论。课堂上所使用的案例，都是与学员们正在实际参与的工作有关的人或事，因此大家都会将这些案例看作是"自己的事"。我可以很自信地说，如果我们没有可以开诚布公地承认失败的企业文化，就不可能开办这样的学院。

第二、三、四节课是以模拟GOM（group operation meeting，执行董事会）的形式进行案例学习。

我们公司的正式GOM，是在会议上让每个执行董事积极地提出他们所负责的事业部存在的问题，然后交由大家来评价，以此想出更好的对策，带来更好的结果。

在这个模拟GOM中，我们会让学员用自己所属事业部当前存在的问题或者是他们的研究课题作为具体案例，并让他们想象自己是作为执行董事来出席本次GOM。由于议题都是正在发生的案例或者面临的难题，非常具有真实感，讨论也变得更加务实和严肃。

"如果大家是执行董事，你们会如何看待这个案例？请大家不要只顾局部最优，必须说出基于全局最优的考量。那么，你们认为应该怎么处理呢？"我会这样询问学员，让他们发表自己的意见，然后反复进行讨论。

顺便提一句，我们公司现在所有的执行董事都是来自这个K营学院。

亦慈亦严——慰劳努力工作的员工

员工若取得成绩就要进行表扬，如果失败了还找借口，就要严厉斥责，偶尔还要让他们坐冷板凳。我每天都在注意要适时适当地对他们进行指导，所谓管理者的工作，可能就是不断重复这些事情。

当我从已经升任为干部的员工那里收集反馈意见时，大多数人都会说我对他们的斥责和赞扬给他们留下了深刻印象。

温和与严厉，斥责与赞扬。有时候会有人问我是如何正确地使用好这两面的，但是我并没有什么秘诀。也有些员工说我的情绪切换得很快，但其实我也不知道自己是怎么做到的。

其实我当时也只不过是做了自己应该做的事情，都是一些最理所当然的事情。明确地表达自己的意思，清楚地说出YES或NO；如果是自己弄错了就立即道歉；训斥完员工之后还要问问自己刚才是不是太严厉了，如果确实是太严厉了，就收回那些话。

我所尊敬的京瓷名誉会长稻盛先生，据说他曾在一次与外界人士聚会的晚上，回家后一直在反省自己"是不是喝多了对别人说了什么失礼的话"，直到第二天早上还在对着镜子大声地训斥自己是个"蠢货"。

另外，听说松下幸之助先生也十分重视花时间客观看待

第6章　坚持全员经营

和重新审视自己以及自己的日常工作，用他自己的话说就是"自我观照"。

当我听闻这些时感触颇深，因为在平日保持反躬自省的习惯这一点上，我也和他们一样。而且，我认为平日里的这种心态，最终都会在与员工打交道时自然而然地显现出来。

当然，正如我之前所说，有时候也需要刻意地去训斥和引导他们。但是即便是在这种时刻，也只有当你是抱着"想让这个员工取得进步，为公司做出贡献""想让这个创意变得更好"的初衷时才会产生效果。面对被我严厉训斥过之后取得了好成绩的员工，我总是会发自内心地、尽可能地表扬他们，请他们吃饭，或者送他们件礼物，都是很自然的事情。

我在前文中提到过"创意提案制度"，作为该制度的补充，我们每年还会举办一次"金点子"高级晚宴。提出绝佳创意的人会受邀到超一流酒店餐厅享用西式全餐。社长和董事们也会出席晚宴，亲自到员工们的餐桌旁称赞他们提出的创意，慰劳他们的辛勤工作。

晚宴仅从东京与大阪各邀请大约30名员工，门槛非常高，因此能参加晚宴对员工来说是一种莫大的荣誉。有些员工是第一次受邀，有些是第二次、第三次，还有些员工是时隔五年再次受邀。很多员工都是在晚宴邀请的激励下提出了自己的创意，相聚在会场的员工们会互相握手称赞对方。

第 三 部 分

经 营 哲 学

第 7 章　　　　"事在人为"的执念
第 8 章　　　　从失败中领悟到的经营心得

第 7 章
"事在人为"的执念

1. 何为经营？

最大限度地发挥每个人的创造力

前文中我以一个公司经营者和市场营销者的身份，结合自己的经验讲述了一些经营理论。那么，究竟什么才是经营呢？

关于经营是什么，有"经营之神"之称的松下幸之助曾经这样说过："经营是一门活生生的综合艺术。"松下先生的这句话，对于十分重视员工创造力的我而言，意义深远、发人深省。

所谓经营，就像自然界的新陈代谢一样，需要不断吐故纳新，安于现状就是一种倒退。要维持一个组织的运转同样需要创造力。

同时代还有另一位著名的经营者本田宗一郎，他的参谋也是一位著名的经营者，名叫藤泽武夫。藤泽先生说："经营，它永无止境。"他的这句话也让我深感共鸣。此外，还有同在汽车行业并至今仍在世界范围内发挥着影响力的丰田汽车的创始人丰田喜一郎,他有一句广为流传的名言:"即使是一根别针,也会对国家发挥自己的价值。"

以上的名家名言,尽管说法有所差异,但是他们的经营理念以及根本性的经营准则等其实都是异曲同工的。虽然我没有能力像那些名留青史的企业家那样把自己的思想凝结在一词一句中,但关于"怎样才能做好经营"这个问题,我可以很自豪地说,我有着不输于任何人的深入思考和持续努力。

> 不管多小的事情,都要把它当作问题看待,
> 然后,切实地解决每一个问题,
> 并为此发挥你的创造力,
> 这就是"经营"。
> 如果连小事(工作)都处理不好,
> 那么更别说能够做成大事(经营)。

以上就是我个人对于"何为经营"的思考。那么,该如何将我个人的这套哲学转化为实践呢?我想大致可以概括

为以下四条。

- 永远做一个言出必行的人。

一件事情，自己做过之后再要求下属去做。不制定无法实现的任务，因为最糟糕的事情莫过于制定任务时觉得这个要做，那个也要做，结果全都半途而废。看清自己的能力与当时的形势，做自己力所能及的事情。不说自己做不到的事情，说了就一定要做到，然后让员工也做到。

- 要时常设想最坏情况的发生。

状况良好的情况下，当然没有什么问题。但是，状况糟糕的情况下，能否打破局面就取决于经营者的能力。只有时常设想最坏情况的发生，思想上有所准备才能很好地应对，才能开辟出新的道路。

- 以每个人都能理解的方式经营。

最重要的就是要追求"简单易懂"，真正优秀的东西往往是简单的，只有以此为目标才能实现真正的经营。

- 要先弄清问题再做出决定。

通过可视化管理可以让问题变得清晰，只有弄清楚问题，才能做出正确的决定。

第 7 章 "事在人为"的执念

人们常说"凡事彻底",的确是这样,人并非从一开始就能做成大事。只有把一件件小事做到完美,一步步攀登阶梯,久而久之才能做出重大决定,自己的地位自然也会相应地逐渐提升。

经营者自是应该始终为创建这样的公司而操心,但每个员工也都应该这么想。特别是对于经营者,有时可能需要处理诸如公司并购或撤出业务等重大问题,在这个关键时刻你能否独立做出正确的决定,取决于你平时是否踏踏实实地处理小问题,这是我从自己的经验中得来的信念。

要用心对待每一件事情,认真判断"这是好事"还是"这是坏事",然后做好处理。如果觉得"这是小事情,所以差不多就行了"而敷衍地处理小事情,那么当遇到大问题的时候就无法做出正确决定。

当周围的人看到你日复一日地践行"凡事彻底"的态度,就会觉得:"那个人说的话、做的事都是对的。"我认为这样的人才是能够团结员工的领导者。

要做到这一点,关键是靠勇气。要收回自己说过的话需要巨大的勇气,特别是在一个组织内工作的人,其中也有面子的原因,往往很难开口说出"那个失败了,我们放弃吧"之类的话。

我经常会对公司里的领导者这么说:"与其这样半途而废,不如在你发现不可能的时候就向我报告","选个合适的时机,放弃吧"。其实,将这些话变得让人难以说出口的是人和所谓的组织。

正因为如此,我们应该养成这样一种态度:先弄清楚再开口,做不到就不要说。而且作为团队领导者,应该要尽快做到这一点。

在困境中积极谋求变化

在面对诸多经营挑战的过程中,有些事情在当时看来并不重要,但在后来回顾时却发现是重大的转折点。1992年年初就发生了这么一件事情。

当时,日本正处于泡沫经济破灭的余波之中,人们的不安全感迅速上升,正处于成长扩张期的小林制药经营业绩也受到不小影响,这种未来的不确定性让很多日本人感到

第7章 "事在人为"的执念

不安。

在此之前，小林制药一直是一家典型的家族企业，虽然拥有家族主义的良好风气，但也有人对这种经营方式的前途表示担忧。公司总部逐渐呈现出这样的氛围：为了消除不安的阴霾，使公司步入新的成长轨道，我们应该着手对组织环境和企业文化进行改革。于是我们启动了"新经营理念创建工程"，旨在重新审视我们的经营理念，并重新构建 21 世纪的发展愿景。

然而，这个面向全员的工程，只有寥寥数人主动申请参加。也许是像很多家族企业一样，小林制药内当时弥漫着一种置身事外、任其自流的情绪："反正凭我们的意见也改变不了任何事情。"

我并不认为自己是一个独裁经营者，但这种事不关己的氛围在不知不觉中已经悄然潜入公司员工之间。只是到了这个时候，我自己也必须重新审视小林制药的未来发展了。

卫生日用品的新品开发不断取得成功，这当然是靠我和员工们的努力得来的，但同时也因为我们遇上了好时代。从这一点来讲，小林制药真的是一家幸运的公司，但是我也会想，这样的好运能永远持续下去吗？我终究是一个凡人，自己一个人的力量是有限的。

我越是这样想，就越发觉得有必要尽快改变公司的经营方式。它不能再只是小林家族的公司，要转变成为按照全体员工的意愿来制定、推进公司的经营方针和长期经营计划的属于全体员工的公司。每个员工都要带着"我们要成为这样的公司"这个强烈的愿望去思考，然后由我来汇集他们的思想并引领公司走向成功。只有这样，才能开拓小林制药的未来。

我在这样的反复思考中变得越发肯定，一个想法逐渐在我心里悄然酝酿："我要让它成为一家上市公司！"

从家族企业到为员工着想的企业

新经营理念的创建是小林制药前所未有的全体员工参与的大工程，员工们一直以来压抑着的焦虑和不满在第一次会议上一下子集中爆发了出来。

"在谈什么理念和愿景之类的漂亮话之前，希望你先看看现实,给我们改善一下现场环境和员工待遇。"

"物流中心没有空调冬冷夏热,连女厕所都没有。"

"员工从早到晚都在为工作来回奔波,但工资却很低。"

"只有同族的人才轻松吧。"

"有同族这种铁幕存在,我们完全不知道公司在想什么、以后怎么安排。"

"公司的高级管理层真的了解现场的情况吗?"

"即使提出建议,我也不觉得公司会听。"

第一次会议的现场出现了如此尖锐的声音,矛盾一触即发。于是,我们于1992年1月15日举行了第二次会议,我也出席了此次会议。

最初,我只听到了一些无伤大雅的意见。之后,当时的工会干部在使命感和责任感的驱使下鼓起勇气表达了他们对一线工作的不满,以及对管理层的不信任。于是,其他参会人员也一个接一个地开始向我发泄他们的不满。据说,当时的秘书都以为"社长可能会愤然离席"。

若是在平常的会议上,我会给出严厉的点评和强烈的指示。但那天,我只是一言不发地默默地听他们把话讲完。因为我当时想的是，如前所述，将公司从家族经营转变为为全体员工着想的透明经营、全员经营的时机似乎已经成熟。

由于还有别的安排，我提前离开了会议现场。不过临走的时候我向送我离开的秘书低声说出了自己的真实感受："今天的会议开得很成功！"

后来我向事务部打听了那天我走之后的情况，听说参会员工的表情全都十分不安，有些人甚至因此感到非常懊悔。然而，当事务部向大家转达了我的真实感受之后，会场的氛围逐渐发生了变化。为了公司的发展，他们正在朝着大力改革与努力改善的方向积极前进。

我把自己的这些想法直接传达给了公司的高级管理层。员工们在会议上认真提出的意见，我也会严肃对待。可以说，这次会议既是员工们释放一直以来积攒的怨气的一次机会，也是让员工们发自内心地去思考公司发展的一次机会。员工们会想："公司应该会有所变化吧？既然大家都发声了，那就让我们来改变吧！"

这次会议成了小林制药的"转折点"。

同年春天，在全体员工的共识之下，我们更新了公司的经营理念，制定了"为人们和社会创造'快乐舒适'的生活"的新理念。随后我们还规划了包含行业顶尖的优厚待遇等方案在内的 21 世纪愿景，最后提出了推进公司上市的总目标。我们向全体员工宣布了公司要在未来上市发行股票和实行透明经营管理的政策方针。

我认为利用好这一次机会，我们的员工应该能够经受住公司在下一个成长扩张期可能面临的各种考验和困难。全体员工站在同一个相扑场上，朝着同一个方向，齐心协力，齐头并进。可以说，我们在全体员工一直以来辛勤耕耘的这片土地上，从此树起了坚实的轴心。

顺便提一句，"改变公司，并且让公司发展得更好"，我的这一想法得以与公司员工进行沟通的桥梁就是当时负责推进该项工程的事务部的一名员工，他现在已经升任专务董事，仍然在支持小林制药的经营。

2. 管理和创意都是"为则成，不为则不成"

要认为自己能做到并为之努力

当看到年轻的团队领导者在自己的工作和项目上努力进取的样子，有时会让我忽然想起自己担任社长之前的日子。

你知道"凡事为则成，不为则不成"这句话吗？这是我最喜欢的一句话，据说它出自江户时代中期米泽藩的藩主上杉鹰山。这句话还有后半句，说的是"事之不成在于人之不为"。

这句话的要领是说，只要你想做，你就可以做成任何事情。如果你有信念，并抱着要实现它的决心付诸行动，你就可以突破那些你曾认为自己做不到的事情。这句话表明，人类的力量是无穷大的，我们可以通过坚持信念来激发我们的潜能。正因为这句话出自让曾经陷入困境的米泽藩重获新生的名君之口，所以更显它的分量。

我在二三十岁的时候，也像鹰山先生这句话所说的那样，抱着成功的信念一直在拼命地工作。

我认为像鹰山先生这样的思维方式是古今中外共通的。有段时间，我因为需要好好思考，曾在禅寺有过一段短暂的修行。禅语中有很多含蓄的词汇，例如"百尺竿头更进一步"，在我看来，这句话表达的意思与鹰山先生所说如出一辙。

我经常会对那些说"我想不到更好的创意了"的员工说："你再思考一个星期吧。如果再思考一个星期仍然没有什么好的创意，那也没关系。总之，你再思考一个星期吧。"

当你认为自己想到的创意已经达到极限的时候，你的努力将会激发你的潜能，然后慢慢地就会达到新的极限。

毫无疑问，那些之前说自己已经想不到更好创意的员工，实际上都提出了比前一周更高水平的创意。人就是这样，拥有无限的潜能。

也许有人会将这种观点视为唯心论并敬而远之，但是对于把市场营销放在第一位的公司的领导者而言，这种经验是必不可少的。关于这一点，我一直在不断地告诉我的员工。

不要认为自己做不到而放弃，要认为自己能做到而努力。只有这样，才能更上一层楼。身为一个凡夫俗子的我，就是抱着这样的想法才走到了今天。那些口才好的经营者，即便没有手稿也能说出触动人心的话。不过，我做不到张口就来，所以我总是先准备好稿子，把它记在脑子里，然后再上台演讲。

在洽谈会上我肯定会见到很多客户，所以即使是在坐车的途中，我也会再次确认客户的姓名和交易情况。我把这些努力当作分内之事、应尽之责不断地积累。

小林制药是从明治时代延续下来的医药品批发公司，有着非常大的经营体量，作为医药产品批发商，我们的排名已经进入了全国前五位。然而，我们的利润十分微薄，甚至利润率低于销售额的0.5%都是常态，大型零售商一旦倒闭，我们就有可能直接陷入亏损状态。这种情况在我入职小林制药，想进军制造业的时候，也就是我前面提到的创业期（草创期）的时候就已是如此。

"一直以来我们都是站在零售商和制造商之间，眼睛盯

第 7 章 "事在人为"的执念

着两边做着批发生意。在医药产品批发这个行业,即使可以扩大销售,想获得足够的利润也十分艰难。如果小林制药想要在未来发展壮大,就必须争取向制造商转型。"这是我父亲经常说的话,实际上他也曾经试图进军制造业。在他的带领下,我们进行了肠胃药物的开发与销售,但是完全无法与生产同类药物的大型制造商相抗衡。以批发为主体的小林制药,开始体会到了做制造商的艰难。

制造商要自己创造产品概念、进行产品开发,从处方到命名再到广告,一切都要由自己把控。当时的小林制药似乎还没有这样的意识,没有做好一家制造商该做的事情,推出了还不完备的产品,最终让公司遭受了沉重打击。

从此,我父亲便断了转型为制造商的念想。在那之后,他的病情开始恶化,也就没有了再去接受下一个挑战的精力。如果不是因为早逝,要是能再多活二三十年的话,他也许会再次挑战。

进军制造业也是父亲的临终遗愿,所以当我入职小林制药申请进入制造部门时,周围没有人出来反对。

尽管如此,大型医药产品制造企业有着很高的壁垒,即使是在同一个相扑场中竞争也无法与其正面交锋。当时，有一件事情让埋头努力工作的我看到了一线生机，那就是我在序章中提到的赴美留学的机会。

当我留学回来说想要推出安美露的时候，董事会成员无一人反对。本来制造部门的销售额也就不到总销售额的3%，所以他们当时的心情大概就是"你随意"吧。

然而，当我继安美露之后提出想再推出波乐清时，却遭到了强烈反对。安美露是医药产品，我们可以委托同行业的批发公司进行销售，但是厕所用品与医药产品的路线不同，他们不知道要如何进行销售。

比起这个，更大的问题是"厕所用品"这一形象。小林制药从1919年成为株式会社（股份有限公司）以后已经在医药产品行业生存了半个世纪以上，这种自负成了我们的障碍。

提高实际业绩是先决条件

我想通过波乐清给日本厕所行业带来一场革命。

第 7 章 "事在人为"的执念

在我眼里，想要扩大制造部门就只有生产畅销的产品，除了提高业绩别无他法，因此对我来说波乐清的发售决不能让步。

即使在以花王为首的各大巨头激烈竞争的卫生日用品行业，我相信像波乐清这样在日本可以填补市场空白的马桶清洗剂，应该能打开突破口。

怎样才能说服公司的董事们呢？想来想去，我想到了一个办法：制作一个试制品，将试制品的实际使用画面用8毫米摄像机拍摄下来，然后在会议上展示给董事们看。"洗涤成分、蓝色色素以及香料在水箱内溶解之后变成带有清香的浅蓝色液体，然后冲下来清洁马桶。"在我多次重复这样的解释之后，终于取得了一位董事对发售该产品的理解，他最后点头说："你这么坚持的话，（那就试试吧）。"

当你觉得自己已经尽力了的时候，不要想着"算了，就这样吧"而选择放弃，而要想"不，应该还有办法"。能否做到这一点，归根结底还是取决于你对工作抱有的执念和信念到底有多强。

我曾经发表过一篇题为《干部应该是这样的》的文章，

里面总结了如下十条内容。

> **《小林制药干部十条》**
>
> （1）提高业绩。无论环境、时代或组织如何变化，都要持续提高业绩。为此，要一直坚持创造和创新。业绩不佳就说明做法不对，要动脑筋进行逻辑思考，只有这样才能发挥自己在各自组织中的领导作用。另外，还有一件事情不能忘记，那就是对干部的评价不能由高层来做，而是要由下属来做。如果能得到下属的高度评价，业绩最终也会得到提高，这一点请一定要明白。
>
> （2）做出决策并对结果负责——密切关注，勇敢决策，大胆执行。如果决策有误，务必立即改正。不加以改正还想找借口或推卸责任，只能是徒劳无益。如果积极努力了却仍然失败，最终的责任会由社长来承担。你做出决策、执行决策的姿态，下属全都看在眼里。

（3）培养发现问题和解决问题的能力。当我问员工"有问题吗"的时候，经常会得到"没什么大问题"的回答，我觉得这才是问题所在。这样的回答难道不是因为不了解问题或者是没有梳理好问题吗？安于现状不求突破，只动身体不动脑子，我们不需要这样的"穷忙"干部。所以希望大家要花时间认真思考，每周一次，半个小时就好。仔细想想"该怎么做""有没有更好的方法""为什么会这样""为什么不行"，然后开个小会来解决问题，想办法得出最佳结论。

（4）磨炼自己的判断力。我们不需要那些每天忙得不可开交，只知道站在过去的延长线上看待问题的干部。这样的干部被日常工作所束缚，陷入了"见木不见林"的境地。一定要捕捉事物的整体趋势（本质）再做出判断，而其关键的判断标准就在于"For the Customer, For the Company"，即永远要思考和判断"怎样才能对客户有利，怎样才能对公司有利"。

（5）了解现场。不了解现场、轻视现场的人，作为干部来讲是不合格的。当你有什么疑惑和不解时，就要回到现场去。必须要听取现场的意见，在现场进行确认，收集信息然后做出判断。要做到这一点，就要时常带着问题到现场去。越是干部就越要格外注意，一定不能脱离现场，在此基础上，还要根据现场信息用理论武装自己。

（6）言出必行。我们公司已经开始出现"计划缜密，执行潦草""待命型管理"等不良现象。我们必须改变这一点并进行战略性思考，创造一种能够和上司说真话的风气，一种敢说敢做的风气。而要想做到言出必行，首先就需要"有言（有自己的意见）"，为此还需要勇气和学习。

（7）要有预判的能力和习惯。身为干部，每天都需要做出判断和决策，为此我们必须要有预判的能力。就像围棋和象棋的胜负都取决于你能预判到什么程度，无

第 7 章 "事在人为"的执念

能之人只会站在过去的延长线上做出判断,而有能之人则会在预测未来方向后再采取行动。这种能力在释放潜能的不断练习和习惯养成中才能掌握,身为干部必须养成持续磨炼自己预见性的习惯。

(8)培养下属。一个人能做的事情是有限的。换句话说,干部的成就＝下属的活跃度＋干劲。一定要带着感情和信念,真诚地表扬或者批评下属,培养"出头鸟"。如果只是为了摆架子、要权威、谋私利,是不会得到下属的追随的。要抱着九分优点一分缺点的心态,对下属进行积极的批评和引导。

(9)头脑敏锐。我希望你成为一名精明、机智的干部。要抓得住重点,不失去焦点,一言切中要害,让头脑始终保持敏锐运转。这些也都是需要通过训练和习惯的养成才能获得的。

(10)身体健康、性格开朗。作为干部,必须管理好自己的身体,因为这是别人没法帮忙的事情,请将自

> 我管理作为"首要任务"来执行。不健康的身体会给职业生涯蒙上一层阴影，所以我希望你能成为一名乐观开朗、心态积极的干部。

我看了看当时写这篇文章的时间，发现是写于1994年11月22日。虽然已经过去了1/4个世纪，不过上述见解现在看来依然不过时。我想我对于管理的思考哪怕是再过几十年应该也不会改变。

或许就像人们常说的那样，该变的要变，不该变的不变。在寻求改变的过程中，如果缺少了稳定的部分，越变就会越不稳定。我的确也是这么认为的。总之，不管环境发生了多大的变化，都不能变得看不清自己。

如果现在要我以社长的身份再硬往这里面加几条内容的话，或许可以加上这几项吧：（11）贯彻简单易懂的经营和可视化管理；（12）保持谦逊；（13）想顾客所想才是新品开发的关键。这些想法，贯穿了本书的全部内容。

"再思考一天"的重要性

我一直以来再三强调要养成深度思考的习惯，前文的干部十条中的第3条也有提到这一点，那么为此上司应该给予下属什么样的支持呢？

以我的经验来说，在参会人员众多的会议上向员工提出强烈期望似乎非常有效。

"我们明天再开一次会，你再思考一天，到时候在大家面前再做一次展示。"这么说的话，能表达出自己对对方的潜力的充分信任，所以对方也会感觉到自己被寄予了厚望而发奋努力。每个人都有自尊心，所以他们不会甘心"我只能想出和昨天一样的创意"而让其他人失望，而是一定会想出新的创意。

在最后期限到来之后再多给他们一些时间，给他们提供机会，后面就看他们自己了。绞尽脑汁去想"有没有什么（好的创意）"，然后激发出以前从未想过的创意，最终提出建议，这样的人会不断得到成长。

要想着自己还可以想到更多的创意，毫不妥协，持续思考。思考得越多，内容就越精练，创意就越精巧。

当然，也需要设定一个期限。如果你一直只思考而不进行产品研发，就会错失商机。生意就是这样。至于要做到什么水平，这是负责人要做出的决定。即便如此，也要在最后期限到来之前毫不妥协地坚持思考，直到每个人都认为"我已经尽力了""思考到这一步应该可以了"为止。此外，即使在启动产品研发之后，也要将我们的创造力毫无保留地发挥出来，创造出更高水平的产品，实现更加良好的销售、广告和宣传效果。

要常常将"再思考一星期""再给你一天时间"挂在嘴边，我相信这个简单的要求是激发员工创造力和信念的秘诀。

"去坐难坐的椅子"——永远主动置身逆境

为了能在紧要关头发挥自己所拥有的力量，还要不断努力提升自己的潜力。

人们常说"逆境使人成长"，身处逆境确实会促使人们

第7章 "事在人为"的执念

提升自己的能力。

出问题时的不知所措，痛苦之中的左思右想，以及最后找到解决问题的办法，此时你已经获得了成长。

我总是用"去坐难坐的椅子"这句话来向员工说明主动置身逆境的重要性。

好坐的椅子和难坐的椅子之间的区别在于，坐难坐的椅子会更有利于自己的成长，而坐在好坐的椅子上打着瞌睡，应该不会得到好的结果。像去坐一张难坐的椅子一样，主动去寻找辛苦的事情，这样的态度终会提升自己。

就像我们说的"火灾现场的爆发力"一样，人在遇到紧急情况时会发挥出意想不到的能力。人的潜能是无限的，越是被逼得走投无路，就越能发挥出一个人的能力。

所谓的"难坐的椅子"，想找多少就有多少。简单来说，就是那些"自己讨厌的、不想做的事情"，接受这样的工作其实就是主动招引逆境。

正因为是麻烦的工作，才不将其交给下属；麻烦的工作，才更要自己去做。不断地接受大家都嫌烦的工作，在这个过程中自己的能力肯定会有所提升。

与员工认真较量，在最后报以微笑

虽然前面一直在说些严苛的话，不过我认为如果没有这种态度，就不能指望在工作中取得进步或成功。

持续努力，不断成长。和这些优秀的员工竞争，对我来说也是一种乐趣。

开发参与委员会的会议也是一场与参会员工之间的竞争，我们不是靠着权威将自己的意见或决定强加于人，而是一场为了找到真理或真相的相互竞争。

即使对手尚未成熟、还处于成长阶段，你也要认真地与他进行较量，看准他的弱点（也就是尚待提高的地方）立刻拔刀，然后在马上就要狠狠刺进去的那个瞬间停住，最后在对方觉得自己"被击败了"的下一个瞬间对他报以微笑。我认为，抱着这样的心态与员工对话，员工会更加认真、更有动力、更有成就感。

想要贯彻这种所谓的"点到为止"的管理风格，需要有能够点到为止的技巧和意志力。我认为这不是能轻易模仿来的东西，只能靠自己去琢磨。

如果没有真正的实力,你就会退缩而无法将刀尖刺向对手,但如果单凭气势乱刺一通,可能会无法及时收手而一下子刺伤对方,从而阻碍对方的成长。我们决不能忘记,在经营活动当中,这是一种会给公司带来负面影响的行为,也是导致自我毁灭的原因。

第 8 章

从失败中领悟到的经营心得

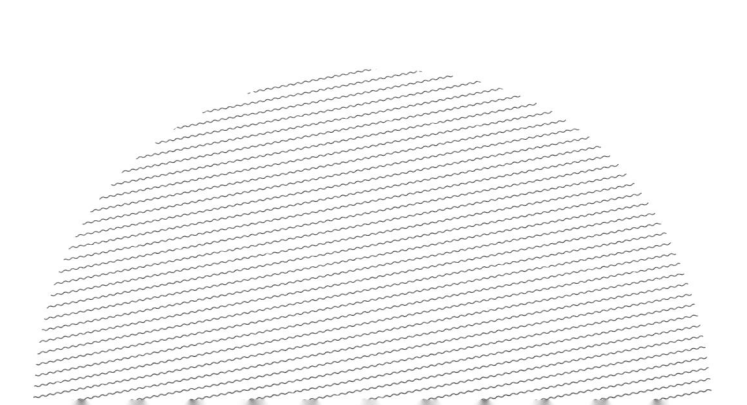

1. 小林制药史上的重大教训

合营公司的隐患

小林制药过去曾有过多次巨大失败。若是在公司的快速增长期,即便一个新品失败了,多半也能通过立即撤退的方式及时止损。

但是有一点要注意,当一个公司经历了这些失败之后依然获得持续成长时,就容易产生骄傲情绪而忘却谦逊。正因如此,我一直在公司内部强调保持谦逊的重要性。

小林制药主要有两个重大的失败案例,我把它们当作教训反复告诫员工。

其中一个失败案例有关保丽净假牙清洁片(现由葛兰素史克日本有限公司销售)。

这是小林制药史上最大的一次失败。保丽净假牙清洁片最初是由美国布洛克医药公司在美国进行生产和销售。我在美国留学的时候就知道这款产品,当时也想着什么时候可以由小林制药进行销售，因为我认为老年市场在未来的日本会变得非常重要。

1970年，我们成功地与布洛克医药公司建立了业务合作关系，由小林制药担当日本总经销商。随着销售步入正轨，我们在1976年以各占50%的出资比例成立了合营公司小林布洛克。

当时的小林布洛克除了保丽净假牙清洁片，还生产和销售保丽净假牙稳固剂和"舒适达"（SHUMITECT）防过敏牙膏。

这两款产品都是当时的日本还没有的独特产品，因此小林布洛克如愿实现了快速增长，1990年的全年销售额就达到了近100亿日元。

但是到了1995年，也就是公司成立20周年之际，布洛克医药公司突然发出通告要求解除合营关系，这对于我们公司来说简直就是晴天霹雳。

一般来说，合营公司很难持久，看看周围也鲜有成功案例。直至今日，日本的合营公司数量依旧不多，或许也说明了这一点。

但是，我特别困惑的是，小林布洛克作为其中鲜有的成功案例，为什么还是不得不面临解除合营关系的命运呢？

不过，仔细想来，我们认为的成功只是对于小林制药而言的成功，对于布洛克医药公司来说却是另一回事。

虽然小林制药与布洛克医药公司是合营关系，但是保丽净假牙清洁片、保丽净假牙稳固剂和舒适达仍然是布洛克医药公司自己的品牌。这些产品越畅销，它们在日本的知名度就越高。所以我们很可能误以为这些是小林制药做出的贡献，但这其实只是我们的骄傲自大和自以为是。

我们认为，只要我们公司的销售额在稳步增长，对于布洛克医药公司来说就应该没有任何问题。然而，布洛克医药公司却深感不公平，因为他们觉得只有小林制药公司在赚钱。这样的状况持续了十几年之后，他们对小林制药变得越来越不信任。

回想起来，当时市场营销和广告宣传费用的投入全都是由我们公司自己来决定的，完全没有考虑到布洛克医药公司管理层的想法。诸如此类的原因，导致他们的管理层对我们公司十分不满，然而我们却完全没有理解到这一点。

最终，我们表示理解并同意了对方的主张，于1996年6月解除了合营关系。

警惕畅销带来的骄傲

解除合营关系的前一年，保丽净假牙清洁片已经超越爽花蕾和波乐清，成为小林制药的顶级品牌。当时仅保丽净假牙清洁片的销售额就有约70亿日元，加上其他产品之后，销售总额约达100亿日元。但是，随着合营关系的解除，我们失去了这一切。

那之后我们历经了万般痛苦，终于完成了竞争产品泰护净假牙清洁片的开发并开始投产。在我们的不懈努力下，该产品成功地在解除合营关系两个月之后开始发售。

我们在泰护净假牙清洁片即将发售之际，通过召集全国的客户等方式拼命做好宣传。我们的努力最终也得到了回报，不久之后这款产品就成长为小林制药的主力产品之一。话虽如此，但就日本国内销售份额而言，仍是保丽净假牙清洁片独占鳌头，泰护净假牙清洁片位居第二。想要弥补这个差距绝非易事，我想这就是骄傲招致的后果。

因为进展顺利就忘乎所以，然后栽了个大跟头，这样的事情在任何时代任何地方都很常见。就小林制药而言，我们对于利润分配上逐渐产生的巨大差距缺乏认真对待和深思熟虑，直到被指出之后才想着做出改变。这种自以为是的运营方式带来的结果，就是让我尝到了巨大的挫败感。

造成这种情况的主要原因，也可能是缺乏沟通。虽然我们每年会举行两次合营公司董事会会议，但是全都流于形式。原本应该由布洛克医药公司和小林制药共同协商的营销策略和利润分配等问题，也都完全没有讨论过。即使在今天，这仍然是值得我们反省的地方。

信任是经营活动中不可或缺的部分。就小林制药而言，肉眼可见的结果就是损失了100亿日元的销售额。这一年，小林制药生产部门的全年销售额大约为570亿日元，相当

第8章 从失败中领悟到的经营心得

于损失了其中的17%以上。

不过，我也认为这并非全是坏事，因为小林制药也因此最终拥有了泰护净假牙清洁片这样的自主品牌。保丽净假牙清洁片是布洛克医药公司的品牌，无论它有多畅销都不会成为小林制药的品牌，而收购这一品牌的话则需要花费巨额资金。很显然，保丽净假牙清洁片能在日本取得成功小林制药功不可没，但是我们却需要花费巨额资金才能将其收入囊中，对于这件事情我一度心存疑义。

在合营关系解除后，我们能够迅速开发出自有品牌并将市场占有率提高到30%，就表示小林制药有这样的能力，因此我认为这是一次难得的经历。

因与布洛克医药公司解除合营关系而损失的100亿日元销售额，也通过后来开发的产品（爽息、生叶、炭力等）和现有产品（PartialDent牙套清洁片、牙线棒、泰护净假牙稳固剂）的培养得到了弥补，而现在我们已经达到了更大的商业规模。

不了解一线情况容易做出错误的判断

除了保丽净假牙清洁片这个案例,我还在医疗器械业务中遭受过巨大的损失。

保丽净假牙清洁片的案例是因为小林制药的骄傲自大造成的,而下面我要介绍的案例,则是由于不了解一线情况下做出错误判断导致的。

小林制药除了经营医药产品和卫生日用品,还与美国医疗器械制造商华润巴德公司(以下简称巴德公司)成立了合营公司Medicon来经营医疗器械。巴德公司是我在美国留学期间东奔西走的过程中结识的一家公司。1972年,小林制药与以药品代理商为中心的集团共同出资成立了进口和销售巴德公司医疗器械的日本Medico公司,之后发展成了由巴德公司和小林制药各出资50%的合营公司Medicon。

尽管小林制药没有医疗器械方面的知识,但它的全年销售额还是增长到大约250亿日元,医疗器械业务已经成为小林制药的"第三大支柱"。

利润方面小林制药和巴德公司分配得很好，业务进展一帆风顺。但是从 2013 年开始，随着日元的快速升值，Medicon 的经营变得困难起来。就在这个时候，巴德公司向我们提出了想要 100% 出资独自经营的要求，经过反复的谈判，小林制药公司最终在 2015 年将所持股份全部卖给了巴德公司。事实上小林制药也认为，即使继续开展医疗器械业务也没法指望它与现有业务产生协同效应，因此可以说这是在展望了各自的未来之后，以双赢局面撤出业务的案例。

最终出问题的，是我们在看到 Medicon 的成功之后新创立的另一个医疗器械业务。在 Medicon 成立 20 年之后的 1992 年，小林制药成立了一个医疗器械事业部（小林 Medical），决定进入其他领域医疗器械的销售业务。我们以总代理商的身份，从美国和欧洲进口医疗器械，然后进行销售。

当时多元化经营的风气悄然兴起，小林制药也开始把医疗器械业务作为多元化经营的一环，以总代理商的身份开始经营。在这之后的业务进展很顺利，全年销售额也增长到大约 100 亿日元。不久，我们便想从销售进阶到医疗器械制造，想亲自进行医疗器械的生产。

因此，我们收购了一家美国医疗器械制造商，不过，业务开展得并不顺利，在亏损了大约 40 亿日元之后将其卖掉了。这次我们没能从中吸取教训，转头又收购了另一家美国医疗器械制造商，然而，业务开展得依然不顺利，结果又在亏损大约 40 亿日元之后对公司进行了清算。

我们在两次收购中总共损失了 80 亿日元，而其中的责任全在于我，第一次是我担任社长的时候，第二次是我担任董事长的时候，两次做出收购指示的都是我。

不要轻易涉足自己不懂行的生意

回头想想失败的原因，还是我们把手伸向了没有协同效应的领域。当时流行的多元化经营，实际上就是进入没有协同效应的领域。小林制药最初从事的医药产品和新加入的医疗器械虽然同属医疗行业，但小林制药终归是面向普通消费者的医药产品制造商。

最大的不同是销售对象，医疗器械是卖给医院。面向普通消费者和面向医院，两者的销售方式和销售路径完全不同，即使是我们公司生产的医药产品也无法卖给医院。医疗器械也是同样道理，我当时并未意识到，以小林制药的技术经验去销售医疗器械会非常困难。换句话说，我们进入了一个不熟悉一线的领域。

而在此时，我们已经有了在Medicon上的成功经历。Medicon在医疗器械业务上取得的成功使我们确信，收购美国公司也不会有问题。

由于Medicon与小林制药没有协同效应，我们最终将其出售给了巴德公司。虽然没有协同效应也卖得很好，是因为产品本身很好。因为产品很独特，所以即便是由不熟悉该行业的小林制药来销售也会有买家。巴德公司负责产品开发，Medicon负责销售，可以说这次的成功是因为产品本身。

与此相反，在那之后小林Medical收购的公司的产品，因有很多其他的竞争公司，凭借小林制药的技术经验，销售情况并不理想。这是因为我们没有看清产品的真正成长潜力就进行了收购,瞄准的是大池塘里的小鱼。

这归根结底还是因为我缺乏医疗器械的相关知识,对于医疗器械的一线情况不够熟悉。缺乏相关知识就意味着无法自己说了算。生意没有那么容易,不可能交由别人来做就能取得成功。如果是自己不懂行的生意,即使想通过投入资金来使公司获得发展,最终也只会是徒劳。

2. "人"才是支撑经营的主体

首先考虑想让谁来领导这个组织

由于作为最终权威和负责人的我的判断失误，导致了经营上的重大挫折，而在补救的过程中让我深有感触的，还是人的重要性。

通过收购其他公司，积极进军与现有业务具有协同效应的生意，即使这样的经营决策能够顺利，如果高层没有合适的人才，公司的运营也不会顺利，这一点是我的切身感受。

因此，在公司内部进行改组、绘制组织结构图时，我总会要求他们："你们考虑一下要让谁、想让谁担任组织的负责人，然后把他们的名字填写在结构图里的相应位置"。之所以这样做，是因为如果按照老的组织结构来推进改革，结果就会像我的失败一样，在某个环节出现问题的风险就会提高。

相反，如果能找到合适的人才，进行适当的经营，就算是那种你认为应该出售的子公司，有时也可能会再次复苏、经营良好，以至于你都不舍得出售它了。

有人说业务靠人，也有人说企业靠人，我认为我们应该反省自己在工作和经营活动中有没有真正发挥这些想法的作用。

用心判断要将重任委托给谁，一旦做了决定就要试着坚持由他负责。另外，要以"放手不放任"的心态对其保持关注，因为任务委托方也要对最后的结果负责。像这样，工作无论大小，都需要有这种责任意识。

不要盲目追求多元化经营

人们常说，同样的错误不要犯两次，但正如我在前文中提到的那样，小林制药在收购美国医疗器械制造商时遭遇了连续失败。也许是因为有了第一次的失败，第二次收购时我其实并没有太大兴趣。

我其实拒绝过一次，不过对方请求再给一次机会，于是又再演示了一次。负责经营的社长也介绍说："放心交给他吧，他是美国人，肯定能做好。"听他们那么说，我自己也觉得那应该没问题了。

如果这是面向普通消费者的医药产品或卫生日用品，我多少会有些直觉，对一线情况也会比较有把握，还会去研究一下这款产品能否畅销。但是说到医疗器械，我就完全是一个门外汉。

这是一家美国医疗器械制造商，我从未到医疗现场进行过实际考察，也完全不了解这些医疗器械被应用于医疗现场的可能性有多大。

虽然这个项目也是经过董事会同意了的，但是董事们也都不懂医疗器械。

大致的情况就是"既然董事长或社长想做，那就听他们的吧"。于是我们在根本没有人对这笔生意有把握的情况下就贸然启动了，最终导致了40亿日元的亏损。

这次失败是因为我对这项生意不了解，在没有掌握现场信息的情况下就做出了判断，偏离了"现场主义"。

我们从两个收购案例中学到了一点，那就是进行收购时最关键的是要对一线情况非常熟悉。所以，我们卖掉了美国医疗器械制造公司，之后又把作为商业公司分拆出来的小林Medical转让了出去。

但是，我们在熟悉一线的领域的收购就做得很好。如前文所述，我们分别于2006年和2012年在美国收购了Heatmax公司和Grabber公司这两家暖宝宝制造商，目前我们在美国暖宝宝市场占有大约70%的市场份额。

只要是我们了解的领域，即使是向世界进军，获得成功的概率也很高。但是，如果是我们不了解的领域的生意，我们就必须慎重对待。这是我们从80亿日元的损失中吸取到的教训。

没有什么比公司和员工的松懈更可怕

所谓"千里之堤，溃于蚁穴"，即使是一个小小的洞穴也能导致大堤的坍塌。曾有一段时间，所有员工每日面对日常工作时都在深刻反思这句话。那次失败，对前文中已经多次提到的奠定了我们公司经营基础的波乐清品牌造成了严重伤害。

因为我们的一款名为"银·波乐清"的新品违反了《景品表示法》，给顾客以及许多相关人员带来了极大的不便。虽然产品中的"银离子"确实有效果，但是我们在当时有点过于强调这种效果，以至于使用了过度的表达方式。

按说上市之前已经通过了公司内部的严格审查，应该没有问题了，但在这个过程中的某个环节我们却出现了松懈，出现了骄傲自大的心态。

很显然，当时我们因为波乐清是顶级品牌而骄傲自满了。

"这点小事没关系的，不会有问题的"，就是这样的松懈导致了巨大的错误。由于这件事情已经严重到可能损害公司的信誉，所以公司一线的员工向受此事影响的所有顾客一一道歉，并且回收了产品，这个过程可谓满是艰辛。

如果我们能始终保持紧张状态，谦逊认真地对待工作，这种事情就不会发生。

另外，我也有过其他的跌入成长陷阱的经历，只不过没有给公司以外的人造成直接的麻烦。

那是2000年在大阪府茨木市新建研究所时发生的事

情。在那之前，小林制药的研究所和工厂在同一个地方。我担任公司常务副社长期间，就是在那个研究所开发的安美露和波乐清。那时，研究所非常小，随着公司的发展壮大和研发人员的增多，研究所的办公场所逐渐变得局促起来。

研究所是小林制药的心脏。那时大家已经开始讨论是时候建一个新研究所了，于是我们决定让它变成现实。

原来的研究所空间狭小，可以彼此并肩工作，因此员工之间的沟通非常密切，随时都能了解到其他人正在做什么、在什么地方陷入了僵局。我确信，这样的工作环境曾经是我们开发出优秀新产品的原因之一。

又大又宽敞的新研究所终于竣工，在落成仪式上，我面向搬到新研究所的全体研究人员，做了如下发言。

祝贺各位有了新研究所，真是太好了。这和过去的环境相比简直有着天壤之别，每一个人都拥有了足够的空间，你们终于可以在这样优越的环境中工作了。不过，我想提醒大家的是，我们的工作靠的不是环境和设备，而是你们各位。切不可骄傲自满，不要有"比起以前气派多了，真了不起"的想法，我们的工作靠的是各位，这栋楼是不会制造产品的。

我反复强调这些话，持续为大家敲响警钟。

然而不可思议的是，在接下来的几年里，我们反而开发不出优秀的新产品了。

直到现在我仍然认为新研究所的落成带来的自满情绪是很大的原因。

公共空间越大，沟通就越困难，大家就越不知道彼此在做什么。如果无法了解彼此的状况，那么即使想协助对方也无从下手。我认为这样的结果就是，我们会陷入一个无法取得好成果的负循环。

之后，大家都在反省"这样下去可不行"，"可不能指望这栋楼给我们做研究"。实际上花了大概五年时间，研究所的工作氛围才逐渐恢复到原来的状态。

隐藏在"气派的总部大楼"里的陷阱

当我们在 2009 年搬迁公司总部时,"成长陷阱"也在等着我们。由于旧总部办公室不够,有好几个事业部只能分散在旧总部附近,为了将它们整合起来,创造一个便利舒适的职场环境,我们把总部搬到了旧总部对面。

旧总部大楼
在现在的总部大楼对面

2009 年竣工的新总部大楼
大楼的名称叫"KDX 小林道修町大楼"

我当时是反对搬到这个新总部的。我所认为的是,即使现在的总部有不方便之处,新总部也不一定非得是自己公司的大楼，租赁办公楼就足够了。我之所以会这么想，是因为我真的很害怕像建新研究所时那样，大家都沾沾自喜觉得"小林制药真了不起"，这种骄傲自满逐渐蔓延开来，最终会导致公司业绩下滑。

尽管如此，最终我们还是决定新建一座总部大楼。不过，当时我施了一个苦肉计，我提议找一家大型房地产公司来建，而不是由小林制药来建，大家也都同意了。所以，我们现在的总部大楼的土地虽然归小林制药所有，但大楼是从大型房地产公司租赁的。另外还有一点就是，在搬迁时我们限制了搬进总部大楼的员工人数，有一半左右的员工不在总部大楼而是在附近租赁的场所办公。想到很多员工因为建新总部而兴奋的心情，我感到非常抱歉，但这是为了避免重蹈新建研究所时的覆辙不得已而为之的管理决策。我们有时也会听到诸如"一建新房，家人就生病了"之类的发生在普通家庭中的故事。当你盖了新房子，亲戚和周围的人都称赞你"真了不起"，于是你也逐渐觉得自己"做了一件了不起的事情"而高估了自己，这个时候就会产生疏漏。

常言道"病从心起",我相信因为粗心大意导致父母和孩子一起生病的案例并不少见。

小林制药也是如此,即使采取了我之前想到的对策,也总还是感觉公司的状态在总部大楼建成以后有所下滑。无论我多么小心翼翼还是出现了各种问题,在各个方面卡壳。为了改变这种状况,我还曾去高野山焚烧护摩。

普通家庭的新房故事,或许有人认为这是迷信。但至少就小林制药而言,我坚信因新建总部带来的骄傲自满与我们的业绩下滑是有关联的。

自古以来,大阪的生意人在被问及生意如何时,越是生意兴隆的人,就越是会回答"马马虎虎啦"。

我希望小林制药的员工在被客户称赞"了不起"的时候,能够真心诚意地回答一句"哪里哪里,我们才刚起步"。

俗话说"骄兵必败",我不认为我是仅凭一己之力就扩大了公司业绩,而是靠着我的客户以及诸多相关人员才实现了这一目标。对此我心存感激,所以决心要做一家既谦逊又充满自信的公司。俗话说"稻穗越是饱满,头垂得越低",我也想做一家从员工身上都能看到如此谦逊态度的公司。

为了保持这样谦逊的态度，作为董事长，我想我有责任把那些应该深刻反省的失败事例透明公开，作为对未来的经验教训好好地传承下去。

不要大意，不要骄傲，保持谦逊

在小林制药公司，如果遭遇了失败就一定会召开会议进行总结。对于重大的失败，我们会在执行董事会上进行总结，而其中多数是因为骄傲自满、由于不谦逊的行为所致。

"这我知道""这种事情不可能发生""这事不用担心"——这种骄傲会招致失败。

如果你能更加谦逊地思考，就会发现值得反思的地方，比如"我当时应该这样做才对"。在进行员工培训时，我们非常重视如何贯彻这一点。

2020年春季，日本新型冠状病毒的流行导致口罩供应紧张。小林制药也生产口罩，但是制造口罩用的无纺布无法从中国购入，所以生产一时间陷入了停滞。还有部分口罩以往是直接进口成品的，这期间也无法供应销售了。

之所以会出现这种情况还是因为骄傲自大，心想着："小林制药这么大的厂家，不可能买不到无纺布。"

如果不是那么骄傲，哪怕有一点"也许买不到无纺布的情况随时都有可能发生"的危机管理意识，就会变得小心谨慎，在紧要关头的应对方式也会完全不同，可以通过分散进口无纺布的方式来规避风险。

在董事长这个位置上，我常常会收到各种各样的关于经营风险的信息。我感觉其中大部分的失败还是源自骄傲自大。

对待合作企业和交货方，当然也要保持"谦逊，不骄傲"的态度。

说得更具体一点就是，我们要始终不忘考虑谈判对象的立场，在给对方留有余地的前提下，该怎么谈还得怎么谈，但这样能使我们保持谦逊的态度。

比如作为订货人，当我想提出"希望你无论如何也要把成本降到这个水平"的要求时，我也会充分调查对方是否无论如何都无法做到，然后再进行交涉。即使是希望对方尽力而为的时候，只要你愿意站在对方的立场考虑，双方总会有继续讨论的空间，然后找到一个可以相互妥协的落脚点。

不过说起来容易，做起来难，我们也可能会在没有发觉的情况下让客户感到不快。因此，小林制药每年会对合作企业和供应商进行一次问卷调查。我们会在查看调查结果的时候，了解到他们对我们公司的哪些方面感到不满，以及我们公司的哪些方面有问题。

我们每年都在这样做，所以在一定程度上能够凭借它掌握公司经年累月的变化。在长期的往来过程中，我们能充分认识彼此间的关系正在发生什么样的变化，有什么样的变化趋势，在此基础上做好应对。

问卷调查中也会有一些积极的意见，比如关于制造工艺中可以改进的地方，也有成本相关的内容。我认为重要的是要进行双向沟通，永远不要单方面说完就结束。

依靠"小池塘里的大鱼"战略展开竞争，就必须与合作企业融为一体共同努力来提高生产效率。所以，与合作企业平时的关系维护就十分重要，而其中的关键，依然是"谦逊，不骄傲"。

反复传达,避免反复失败

如前文所述,从20世纪60年代开始就把精力投注在了制造部门,也因此取得了快速的成长,20年前的小林制药和现在的小林制药相比,在规模上有着巨大差距。

越是早年入职的员工,自然越会有"我们把公司做大了"的想法和自豪感,但就像人们所说的"成功的复仇"或者"创新的困境"那样,这些过去的成功经历往往会在不知不觉中成为阻碍下一次成功的绊脚石。

无论公司规模有多大,所有员工都要保持"路漫漫其修远兮""更上一层楼"的心态。我深切地体会到要做到这一点是非常困难的事情,所以现在我会不断地告诫员工:"如果业绩不好,那就是因为骄傲自满、不够谦逊。"

如果我们能够保持谦逊的态度,对于社会的认可心怀感恩,就会想要加倍努力、齐心协力为社会提供更好的服务。我认为如果想要在整个公司培养这种积极的心态,就必须脚踏实地坚持做好这件极其理所应当的事情:好好把握和利用过去的成功,同时分析和学习过去的失败。我觉得，为这些活动提供支持，就是作为董事长的我现在的使命与责任。

对我个人而言，这也叫称为阴德或埋德，我每天都在提醒自己在别人看不到的地方努力行善的重要性，也经常这样告诉我的员工。

虽然都是些听起来微不足道的事情，例如，如果研究所公共厕所的拖鞋四处散乱，不要去想谁来收拾一下，而是自己注意到了就将其摆放整齐。如果发现卫生间的洗脸台上被水溅脏了，就自己用纸巾擦干净。

这样的行为，应该是日本人长期培养的美德的体现，也是一种好习惯。

就我自己的体验而言，那些平日积累阴德和埋德的人，其"德行"也会在日常工作中显现出来。

美德这种东西，即使想要掩藏也会被有心之人留意到。通过不为人知地默默积累德行，会赢得别人的好感和尊重，从而在不久的将来迎来好运。而那些能够注意到这些人的阴德的人，也许才是适合做领导的人。

下属时常因为繁重的工作东奔西走、饱受辛苦，有时因为太过疲惫导致脸色不太好，我注意到这一点的时候就会和他们说："是不是很辛苦啊！有什么需要帮忙的尽管跟我讲。"有时候就因为这么一句话，下属就能得救。

产品命名或者广告宣传也是同样道理。项目负责人在发挥创造力直到找出简单易懂的命名和广告文案的过程中，在别人看不见的地方付出了多大的努力，作为领导者应该能想象到。

为了销售口腔护理产品"爽息"，我们创造了"由内而外的口气清新"的表达；为了扩大"生叶"牙膏的销售，我们将牙槽脓漏的牙龈比喻成"熟透的西红柿"。

如果自己也曾经为了想出这种充满小林风格的语言表达而努力过的领导应该马上就能明白其中的艰辛。如果我们想象一下项目负责人在命名的创意中所付出的巨大努力，一定会对他们的执念肃然起敬。

我坚信，由这样的领导者带领员工齐心协力创造出来的新产品，一定能够得到客户的喜爱，最终也会提升小林制药的业绩，创造出理想的未来。